사회적 가치의 시대,
집합적 임팩트가
답이다

본 연구는 사회적가치연구원의 지원을 받아 수행되었습니다.

| 사회적가치연구원 연구총서 제5권 |

COLLECTIVE IMPACT

사회적 가치의 시대, 집합적 임팩트가 답이다

장용석 · 조희진 · 황정윤 · 손선화 · 유두호

문우사
MoonWoo

들어가기에 앞서

‘사회적 가치’가 시대적 화두가 된 것은 비단 어제오늘의 일이 아닙니다. 그간 사회문제를 해결함으로써 사회적 가치를 창출하고 지속 가능한 발전을 달성하기 위한 공공과 민간 영역의 행동은 크게 증가해 왔습니다. 우리나라에서도 2007년 「사회적기업육성법」의 시행 이후 사회적 기업, 사회적 협동조합 등 다양한 사회적경제 조직의 성장과 활동이 두드러지게 나타나고 있으며, 문재인 정부는 ‘사회적 가치의 실현’을 국정 과제 중 하나로 내세움으로써 정부 운영에 있어 사회적 가치를 고려해야 함을 표명한 바 있습니다. 민간에서도 재무적 가치뿐 아니라 기업의 환경, 사회, 지배구조의 비재무적·사회적 가치를 함께 고려하는 ESG 경영이 크게 확산되고 있는 상황입니다. SK그룹은 재무적 가치와 사회적 가치를 동시에 고려하는 더블보텀라인(Double Bottom Line: DBL)을 핵심 경영 전략으로 추구하고 ESG 위원회를 신설하여 기업 운영에 있어 사회적 가치의 원리를 적극 반영하고 있습니다. 여타 기업들 또한 ESG 경영을 위한 성과관리체계와 각종 위원회를 설치·구축하는 등 기업 활동에 사회적 가치를 반영하기 위한 노력을 전방위적으로 확대하고 있다고 해도 과언이 아닙니다.

그러나 이러한 각고의 노력에도 불구하고 사회문제의 증가 속도에 비해 그 해결 속도가 현저히 느리다는 것을 부인하기는 어렵습니다. 특히 전 세계적으로 발생한 코로나19는 우리들로 하여금 그 누구도 사회문제를 벗어나 존재할 수 없으며, 그 해결 또한 혼자서의 노력으로는 어렵다는 것을 느끼게 해준 중요한 계기가 되었습니다. 질병이라는 하나의 이슈가 보건과 건강의 문제에만 머무르지 않고 경제와 사회, 정치, 교육 등 다양한 영역의 사회문제로 연결되며, 예기치 못한 다른 부수적인 사회문제를 야기하는 등 사회적 혼란이 장기간 초래될 수 있다는 점은 우리가 코로나19를 통해 얻은 뼈아픈 교훈일 것입니다. 또한 코로나19는 우리가 사회문제 해결에 있어 다양한 주체들의 협력을 통한 공동 대응의 노력이 필요하다는 것을 다시 확인하는 기회를 가져다주었습니다. 하나의 사회문제가 또 다른 사회문제를 촉발하고, 서로 다른 사회문제가 얽혀 사회 전반에 영향력을 행사함에 따라 정부뿐만 아니라 기업, 시민사회, 나아가 개인들에 이르기까지 다양한 주체들의 참여를 바탕으로 한 협력을 절실히 요구하게 되었습니다. 이제 사회문제는 언제 어디서나 발생할 수 있으며, 현재 내가 당면한 문제가 아니라 할지라도 언젠가 나의 문제로 돌아올 수 있다는 점, 그리고 사회문제를 해결하기 위한 사회 구성원 모두의 노력이 동반되어야 한다는 점을 명확히 인식해야 합니다.

『사회적 가치의 시대, 집합적 임팩트가 답이다』는 사회문제의 해결을 위한 개별적 처방을 제시하는 기존의 관점에서 벗어나, 생태계적 접근을 통해 사회문제의 성격과 연관성을 파악하고, 이를 해결하고자 하는 주체들의 노력과 이들 간의 협력의 모습을 종합적으로 탐색하고자 한 시도입니다. 개별 사회문제 해결을 위한 단순 협력을 이야기하기보다, 여러 사회문제를 함께 바라보며 사회문제 해결에 동참하는 정부, 시민사회, 사회적 기업, 기업 등 다양한 주체들의 역량 강화와 이들의 한계를 보완하는 방향을 고민하고자 하였습니다. 이를 위해 개별 사회문제 단위의 조직 간 협력과 집합적 임팩트 논의에서 한 걸음 더 나아가, 복합적 사회문제, 다양한 문제 해결 주체와 협력이 함께 작동하는 '집합적 임팩트 생태계'의 관점을 제시하였습니다. 아울러 집합적 임팩트 생태계의 발전 단계를 생성 – 성장 – 확장 – 안정에 이르는 4단계로 구분하고, 시스템 차원의 사회적 가치 구현과 임팩트 확장을 위한 전략과 사례를 폭넓게 살펴보고자 하였습니다. 이러한 전략들은 사회문제를 보다 효과적으로 해결하고, 사회적 가치를 지속적으로 창출하는 성숙한 생태계를 구축하는 데 있어 중요한 밑거름이 될 것입니다.

이 책은 사회적 가치와 사회문제 해결의 필요성에 공감하고 도움을 아끼지 않은 여러 분들의 성원에 힘입은 바가 큽니다. 연구를 진행하는 데 있어 바탕이 되는 자료를 제공해 준 트리플라잇(triplelight)의 정유진 대표와 자료의 수집과 분류에 같이 애써준 연세대학교 대학원 주혜린, 조원희, 홍민호, 강지나 원생에게 감사드립니다. 특히 무엇보다 이 책의 필요성과 중요성에 공감하고 지원을 아끼지 않은 사회적가치연구원 및 나석권 원장께 감사의 인사를 전하는 바입니다. 이 책을 통해 사회문제를 바라보는 시각을 변화시키고 사회문제 해결을 위한 새로운 협력의 가능성이 지속적으로 이어질 수 있기를 바랍니다.

2022년 1월

장용석 외 저자 일동

차례

Intro
사회적 가치, 선택이 아닌 필수인 시대가 왔다

우리는 지금, 불확실성의 시대에 살고 있다. 코로나19가 그 방아쇠를 당겼다고 해도 과언이 아니다. 코로나19로 산업 구조가 재편되고 언택트 교육, 재택 근무가 일상화되는 등 10~20년 후에나 벌어질 일들이 한꺼번에 몰려오면서 혼란이 가중되고 있다. 어쩌면, 사회문제가 홍수처럼 범람하고 있다는 표현이 더 적절할 것이다. 유례없는 격변의 시기를 겪다 보니, 급증하는 사회문제를 해결하기 위한 사회적 가치에 전 세계가 주목하고 있다. 사회적 가치는 사회문제 해결을 통해 창출되기 때문에[1] 글로벌 위기 때마다 구원투수처럼 등장했다.

2008년, 글로벌 금융위기가 대표적인 예이다. 이 시기, 위기를 극복하기 위해 사회적 가치가 자본주의에 조금씩 흡수되는 모습을 보였는데, 그 결과가 자본주의 4.0이다. 자본주의 4.0은 효율성과 책임성, 경제적 가치와 사회적 가치 간 융합을 지향한다.[2] 지속 가능한 성장을 유지하려면, 어느 하나의 가치에 치우쳐서는 안 된다는 것이다.[3] 이윤 극대화를 추구하던 기업에서 CSR(Corporate Social Responsibility)이 강조되거나, 경제적 가치와 사회적 가치를 동시에 추구하는 사회적 기업이 급부상한 사실이 이를 증명한다.

이후, 사회적 가치가 점차 강화되는 모습을 보인다. 2015년에는 UN에서 지속가능발전을 위한 전 세계 아젠다, SDGs(Sustainable Development Goals)를 발표하면서 각국의 정부, NGO, 기업이 다 함께 글로벌 문제 해결에 동참할 것을 요청했다. 2019년에는 더 놀라운 일이 벌어졌다. 아마존, 애플 등 미국 기업 CEO 181명이 '주주 자본주의(shareholder capitalism)'의 종언을 선언한 것이다. 주주 이익을 극대화하는 데 그치지 않고, 고객, 직원, 납품업체, 사회 등 모든 이해당사자를 고려하는 '이해관계자 자본주의(stakeholder capitalism)'의 실현을 약속했다.[4] 자본주의의 역사를 써온 미국에서 이런 변화가 나타난 건 기적에 가깝다. 이듬해인 2020년 1월에 개최된 다보스 포럼에서는 '결속력 있고 지속 가능한 세계를 위한 이해관계자들(Stakeholders for a Cohesive and Sustainable World)'이라는 아젠다로 이해관계자 자본주의의 개념을 재정립하는 과정을 거쳤다.[1)] 이제, 이해관계자 자본주의는 시대를 거스를 수 없는 과제가 되었다. 여기에, 코로나19로 글로벌 위기가 더해지면서, 사회적 가치가 자본시장에 더 깊숙이 들어왔다. 사회적 가치가 선택이 아닌, 필수인 시대로 접어들었다는 것도 바로 이 때문이다.

2008년, 그리고 현재, 공통적으로 '글로벌 위기'라는 급박한 상황에서 사회적 가치가 강조되긴 했지만, 지금의 분위기는 2008년과 사뭇 다르다. 2008년, 당시에는 UN 등 국제기구를 중심으로 기업들에게 사회적 책임(CSR)을 자발적으로 이행하게 했다면, 이제는 자본시장 자체가 기업들에게 ESG(Environmental, Social, Governance)[2)] 등 사회적 가치[3)]를 실천하도록 강력

1) 2020년, 이해관계자 자본주의를 강조하는 'The Universal Purpose of a Company in the Fourth Industrial Revolution'이라는 '다보스 매니페스토(Davos Manifesto) 2020'이 작성되었다.

2) ESG라는 용어 자체는 UNGC(UN Global Compact)가 2004년에 발간한 *Who Cares Wins*라는 보고서에서 처음 사용됐다. 이 보고서를 통해 투자자들에게 기업의 재무정보 뿐 아니라, 비재무정보인 ESG(환경, 사회, 거버넌스)를 고려할 것을 제안한다. 이후, UN은 2006년 PRI(Principle for Responsible Investment)를 통해 ESG 요소를 고려한 6대 투자 원칙을 제시했다.

3) 기업의 입장에서 바라보면, 사회적 가치(Social Value)는 ESG를 포함하는 광의의 개념이다. ESG가 기업이 사회에 미치는 부정적 임팩트를 관리하는 Risk Management로서의 의미가 강하다면, 사회적 가치는 기업이 사회에 미치는 긍정적 임팩트까지를 아우르는 개념이다.

하게 유도하고 있기 때문이다.[4] 글로벌 최대 자산운용사인 블랙록이나 네덜란드 연기금 등 대형 기관투자사를 비롯한 주류 금융권에서 기업의 ESG를 직접 챙기는 '행동주의 투자(activist investment)'가 거세졌다. ESG를 실천하지 않는 기업들로부터 투자금을 회수하겠다는 경고도 서슴지 않는다. 보편적 소유자(Universal Owner)로서 현 세대와 미래 세대를 책임질 의무가 있다는 것이다.[5]

이러한 배경에는 글로벌 경제 위기와 더불어, 인간의 생존을 위협하는 기후 변화 위기도 존재한다. UN 산하의 IPCC[5]가 2018년 발간한 보고서에서 2030~2052년, 지구 온도가 1.5℃ 상승할 것이라고 예측한 내용, UNDDR[6]이 2020년 발간한 보고서에서 인간 활동이 초래한 기후 변화의 위기를 지적한 것 등을 보면, 지금의 기후 위기가 얼마나 심각한지 알 수 있다. 이에, 자본시장의 움직임과 더불어 탄소 중립을 도모하기 위한 EU 그린딜(green deal), EU 택소노미(taxonomy)[7], TCFD(Task Force on Climate-Related Financial Disclosure, 기후변화 관련 재무정보공개 협의체), 탄소 국경세, 플라스틱세 등 각종 규제, 가이드라인도 속출하고 있다. 인류 공통의 문제 해결을 통한 사회적 가치 창출이 각종 위기로 불확실성이 커진 지금 이 시대의 기업 생존 전략으로 부상하고 있다.

지금까지 전 세계에서 벌어지고 있는 거시적인 담론을 살펴봤다면, 개인적인 차원에서도 생각해 보자. 사회적 가치는 개인의 삶과도 매우 밀접

---

4) 2008년 금융위기 당시, 기업이 CSR 활동 중 가장 쉽게 접근할 수 있는 사회공헌 활동에 집중하다 보니, 사회적 가치를 지속 가능하게 실천하기 어려웠다. 사회공헌 활동은 기부, 봉사 등 기업의 비즈니스와 연계되지 않는 경우가 많기 때문이다. 그렇다 보니 현재, 시장에서 요구하는 기업의 사회적 가치는 비즈니스와 연계된 지속가능경영으로 초점이 맞춰져 있다.

5) Intergovernmental Panel on Climate Change

6) United Nations Disarmament, Demobilization and Reintegration Resource Centre

7) EU Taxonomy는 기업의 녹색 경제 활동을 분류하기 위한 기준으로 2022년부터 유럽 비재무정보 공개지침(NFRD)의 대상인 6,000개 대기업, 투자기관 및 금융기관을 의무 적용시킬 예정이다.

한 관련이 있다. 우리가 일상에서 마주하는 사회문제를 생각해 보자. 모든 생활이 사회문제와 연결되어 있을 정도로, 상상 이상의 사회문제가 존재한다. 이는 사회문제의 단위가 국가나 지역, 집단을 넘어, 개인에게까지 확장됐다는 의미이기도 하다. '위기의 일상화, 위험의 개인화'라는 표현이 나올 정도이니, 사회문제가 개인의 일상생활에 얼마나 깊숙이 침투해 있는지 알 수 있다.[6] 대표적인 예로, 우리가 매일 사용하는 이메일[8)]을 들 수 있다. 이메일을 저장하기 위한 데이터센터의 전력 사용이 수많은 이산화탄소를 배출한다고 한다. 플라스틱이 개인의 삶에 미치는 영향도 살펴보자. 플라스틱 병 1개를 만들기 위해서는 공장을 가동해야 한다. 이 공장에서 뿜어내는 이산화탄소는 기후 변화 뿐 아니라, 공장 주변에 거주하는 주민들의 건강에도 영향을 미친다. 문제는 플라스틱 병을 만드는 데서 그치지 않는다. 플라스틱은 자연 분해되지 않기 때문에 사용 후 버려진 쓰레기가 바다나 육지로 흘러 들어가면서 생태계에도 악영향을 미친다. 한 사람이 1주일 동안 먹는 미세플라스틱의 양은 약 5g(신용카드 1장 무게), 1달 동안 먹는 미세플라스틱의 양은 약 21g(옷걸이 무게)이고, 이를 연간으로 환산하면 250g에 달한다.[7] 이는 인체에 심각한 독성을 유발한다고 하니, 플라스틱 병 1개가 발생시키는 사회문제는 실로 어마어마하다.

사회문제는 보통 현상 그 자체뿐 아니라, 문제를 야기하는 원인과 파급효과까지 아우르기 때문에 영향력의 범위가 무한히 확장될 수 있다. 사회문제 하나가 유발하는 또 다른 사회문제들까지 생각하면, 사회문제 증가 속도가 점점 빨라지고 있다고 해도 과언이 아니다. 이러한 현상을 '사회문제 복잡계화'로 부르기도 한다.[8] 그만큼 사회문제의 성격 자체가 복잡해지고, 동시다발적으로 발생하는 사회문제들이 많아지면서 사회문제들 간의 관계도 실타래처럼 얽혀있다는 뜻이다. 이렇게 사회문제 발생 속도가 해

8) 이메일 사용 인구 23억 명이 50개씩 이메일을 삭제하면, 1,700만 GB의 공간을 절약하여 5억 4,000만 kWh의 에너지를 절감할 수 있고 27만 8,000톤의 이산화탄소 발생을 막을 수 있다고 한다.

결 속도보다 빠르다 보니, 해결되지 않은 사회문제들이 여기저기 산적해 있다. 사회문제 해결 수준을 높이려면, 어떻게 해야 할까? 사회적 가치가 필수가 된 지금, 우리는 그 해답을 집합적 임팩트(Collective Impact)에서 찾으려 한다.

집합적 임팩트의 개념은 2011년, Kania & Kramer[9]의 연구를 통해 처음 소개되었다. 글로벌 위기가 발생했던 해인 2008년, 다보스 포럼에서 '협력적 혁신의 힘(Power of Collaborative Innovation)'이라는 아젠다로 협력을 통한 사회문제 해결을 강조했다. 이후, 협력의 의미에서 조금 더 진화, 발전한 집합적 임팩트라는 개념이 2011년에 만들어졌고, 위기를 극복하는 대안으로 강조돼 왔다. 10여 년이 지난 지금, 우리가 왜 다시 집합적 임팩트에 주목하는지 짐작할 수 있을 것이다. 위기가 일상화되고, 위험이 개인화되는 지금의 이 상황은 어느 한 주체가 독자적으로 사회문제를 해결할 수 있는 수준을 넘어섰다. 따라서 우리는 2011년에 제시된 집합적 임팩트 카드를 다시 꺼내 지금 이 대혼란의 위기를 극복하는 대안으로 제안하고자 한다. 주체들 간의 유기적인 협력을 통해 긍정적 사회변화를 만드는 것이 그 어느 때보다 필요한 것이다.

하지만, 단순히 주체들 간의 협력만으로는 집합적 임팩트를 극대화하기에 한계가 있다. 우리가 Collective Impact를 '협력적 임팩트'가 아닌, '집합적 임팩트'로 부른 이유도 여기에 있다. 사회문제를 해결하는 주체로서, 정부, NGO, 사회적 기업, 기업이 그 역량을 최대한 발휘하고, 각자의 한계를 보완할 수 있는 '사회문제 해결 전문 집단'으로 거듭나야 하기 때문이다. 그 방법을 구체화하기 위해 우리는 집합적 임팩트를 생태계 관점에서 바라보았다. 그동안의 집합적 임팩트 연구들은 공통의 목표를 공유하고 이행하는 적절한 파트너들이 존재할 것이라는 가정하에 진행되었다. 집합적 임팩트 자체를 고정된 목표 혹은 결과로 바라보고 접근해 온 것이다. 하지만, 집합적 임팩트는 문제 해결 주체와 이를 둘러싼 제반 환경과의 상호작용 결과로 발현되는 '과정(process)'에 해당한다.[10]

자연 생태계 안에 토양, 공기 등의 자연환경과 이에 영향을 받는 생산자, 소비자, 분해자 등의 생물이 존재하는 것처럼, 집합적 임팩트 생태계에도 끊임없이 등장하는 사회문제와 이에 영향을 받는 국민, 사회문제를 해결하는 정부, 기업, 사회적 기업, NGO, 각종 물적·인적 자원, 인프라 등이 존재한다. 사회문제, 이로부터 고통받는 집단, 사회문제 해결 주체, 자원 등이 서로 밀접한 관계를 갖고 움직이는 생태계 안에서 집합적 임팩트가 발현되는 최적의 조건을 찾을 수 있는 것이다.

생태계는 '유동적'이라는 특징도 갖고 있다. 시간의 흐름에 따라 사회문제도 변화하고 이를 해결하는 주체들의 역할도 바뀌며 주체들 간의 협력의 상황도 달라진다. 그 과정에서 생태계는 더 나은 방향으로 진화, 발전한다.[11] 조직 생태학(organizational ecology) 이론에 따르면, 조직은 시간의 흐름에 따라 발전하고, 조직 생태계의 영향하에서 서로 경쟁, 협력하면서 성장 혹은 쇠퇴의 과정을 거친다.[12] 이를 통해 조직들은 경쟁력과 전문성을 갖추고, 서로 다른 조직끼리 공진화하면서 새로운 가치를 창출해 나간다.[13 14] 이것이 바로 우리가 집합적 임팩트에 기대하는 바이다. 정부, 기업, 사회적 기업, NGO 각자가 사회문제 해결에 필요한 역량을 높이고, 서로의 상호작용으로 더 많은 사회적 가치를 창출해 내는 것이다. 이때, 사회문제가 복잡다기화되는 외부 환경 변화가 각 주체를 변화시키는 동인이 된다.

우리는 현재 '위기의 일상화, 위험의 개인화, 사회문제의 복잡계화'를 경험하고 있다.[15] 우리의 일상에 깊숙이 침투하고 있는 사회문제를 해결하려면, 사회문제의 성격을 파악하는 것은 물론 그 해결 가능성을 분석하고 사회문제를 해결하는 주체의 변화나 그들 간의 협력 관계를 연결시키는 노력이 필요하다. 하지만, 그동안에는 이를 분절적으로 바라봤다. 사회문제조차도 특정 사회문제 중심으로 보았기 때문에 우리 사회에 영향을 미치는 전체 사회문제를 거시적으로 조망하지 못했다. 최근 들어, 사회문제 간 연결성은 그 어느 때보다 커지고 있다. 빈곤의 문제가 소득만의 문제가 아니듯, 복잡하게 얽힌 사회문제의 실타래를 풀려면, 특정 문제를 미시적으로 보기보다는 여러 문제를 종합적으로 바라보는 시스템적 사고가 필요하다. 따라서 개별 사회문제 단위의 조직 간 협력과 집합적 임팩트를 논의하는 것에서 더 나아가, 다양한 사회문제와 문제 해결 주체로 확장된 생태계적 접근이 요구된다. 이에, 환경(사회문제), 조직(문제 해결 주체), 협력(문제 해결 방법)의 세 가지 요소가 생태계 안에서 상호작용하면서 집합적 임팩트가 실현되는 최적의 퍼즐 조합을 맞추고자 한다.

사회적 가치가 필수인 이 시대, 사회적 가치를 지속 가능하게 창출하려면, 사회적 가치와 경제적 가치의 선순환 구조가 필요하다. 이는 사회적 가치 혹은 경제적 가치를 핵심 가치로 하는 각 사회 주체들이 사회문제 해결 역량을 배양하면서도 유기적으로 협력하는 집합적 임팩트를 실현함으로써 생태계를 진화, 발전시켜 나갈 때 가능하다. 우리의 연구가 그 방향과 구도를 잡기 위한 일종의 전략서로서 사회적 가치를 높이는 데 기여하길 바란다.

1부

집합적 임팩트 생태계 구축을 위한 퍼즐 맞추기

1. 집합적 임팩트란?
2. 집합적 임팩트 생태계란?
3. 퍼즐을 완성하려면?
4. 퍼즐 맞추기를 위한 첫걸음
    - 정부 예산
    - 기업의 사회공헌 프로그램
    - 시민사회의 사업 영역
    - 사회적 기업의 가치 추구와 활동
    - 자료의 타당도 및 신뢰도 확인

1. 집합적 임팩트란?

최근, 국내 최대 이슈는 '자산 격차 심화', '소득 양극화'이다. 이 문제는 꾸준히 있어 왔지만, 2020년, 전 세계를 강타한 코로나19가 부의 양극화를 더 키웠다는 평가가 많다. 코로나19 이후, 부동산, 주식, 코인 등 자산 가격이 급격히 상승했기 때문이다. 2021년 7월에 실시한 SBS의 여론 조사 결과에 따르면, 월 소득 700만 원 이상의 고소득자들의 경우, 83.6%가 코로나에도 불구하고 소득이 늘었거나 변화 없다고 응답했다. 이들은 자산 증가의 이유로 소득 증가(23.7%) 외에 부동산(48.5%), 주식·코인(18.2%) 투자를 들었다. 한국부동산원 자료에 의하면, 수도권의 아파트 가격이 올해만 11%, 지난 1년 간 14% 상승했다고 한다. 문제는 고소득층의 경우, 자산 급증으로 윤택한 삶을 누리고 있지만, 저소득층의 경우, 코로나19 이후 소득은 69.9% 줄고 물가 상승에 따른 소비 지출이 13.5% 늘면서 삶이 더 팍팍해졌다는 것이다.[1] 코로나19 팬데믹 이후, 빈부 격차가 그만큼 더 심해졌다는 뜻이다.

더 심각한 것은 부동산 등 자산을 많이 보유한 상위계층일수록 소득도 높고 고학력자라는 사실이다. 부의 되물림이 더 심각해질 수 있음을 보여주는 대목이다. 실제, 부동산 최상위 2% 계층의 가구주들을 분석해 보면, 대학원 출신이 27%, 4년제 대학 출신은 41%였다. 반면, 부동산 하위 30% 계층의 가구주들은 대학원 출신이 4%, 4년제 대학 출신이 21%에 불과했다. 교육비 지출액의 계층별 격차도 심각했다. 부동산 최상위 2% 계층의

[그림 1.1] 부동산 계층별 가구주 학력

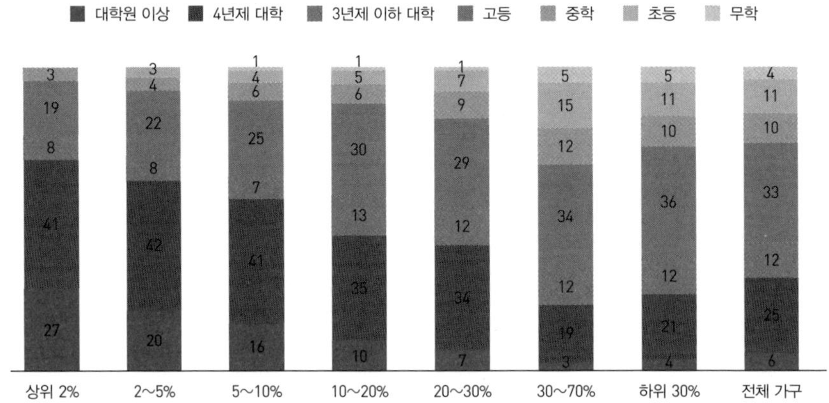

출처: 시사인(2021). 한국의 부동산 상위 2% 부자는 누구인가? 8월 11일자.

교육비 지출액 평균이 연간 746만 원이었지만, 부동산 하위 30% 계층의 교육비 지출액 평균은 연간 176만 원이었다.[2] 이는 부모의 소득 및 자산 수준이 자녀들의 교육 수준 차이로 이어지고 자녀들의 직업에도 영향을 줘 더 심각한 부의 격차를 유발할 수 있음을 시사한다.

소득 양극화 문제처럼, 사회문제는 독립된 형태로 단순하게 존재하지 않는다. 계속해서 진화하면서 다양한 형태로 변화하고 또 다른 문제를 양산하는 복잡다기화된 특성을 보인다. 사회문제가 복잡해지는 만큼 이를 대하는 우리의 방식 또한 변화가 요구된다. 단일한 주체가 해결할 수 있는 수준을 넘어 여러 주체가 힘을 모으거나 범국가적 차원의 협력이 필요한 경우도 증가하고 있다.

그동안, 주체 간 협력에 대해 협치, 거버넌스 등의 학술적 용어로 논의되기는 했지만, 사회문제와 결부시켜 이를 해결하기 위한 협력을 본격적으로 강조하기 시작한 것은 2011년부터이다. Kania & Kramer가 SSIR(*Stanford Social Innovation Review*)[3]에서 현대사회의 복잡하고 다양한 사회문제를 해결하기 위해 서로 다른 영역의 주체들이 공동의 목적을 가지고 협력한다는 의미의 'Collective Impact'를 소개했다. 이는 사회를 긍정적으로 변화시키는 거대한 모멘텀이자, 새로운 사회문제 솔루션으로 제안된 개념이었다.[4]

우리 사회가 지속 가능하려면, 환경 파괴, 고령화, 양극화, 안전 등의 사회문제들을 방치하면 안 된다거나 해결하지 않으면 안 된다는 공감대가 형성되면서 당시, Collective Impact 논의는 상당한 반향을 불러일으켰다. 2008년, 글로벌 금융위기 이후, 경제적 불평등, 양극화가 극심해지면서 해결책이 분명하지 않은 '공정', '정의' 등에 대한 아젠다가 전 세계적으로 급부상하였다. 이에, 단일 조직의 문제 해결 방식인 개별적인 임팩트(isolated impact) 활동보다는 여러 섹터의 조직들이 함께 문제를 해결함으로써 훨씬 큰 임팩트를 창출하는 'Collective Impact'가 적합한 전략으로 자리 잡게 되었다. 실제, 'Collective Impact'에 관한 구글 트렌드 분석 결과, 2008년 글로벌 위기가 시작되면서 관련 내용이 조금씩 관심을 받다가 2011년, Kania & Kramer의 연구를 계기로 그 정도가 증폭됐다. 그러다 2015년, UN에서 각국 정부, 기업, NGO 등이 함께 사회문제를 해결할 것을 강조하는 SDGs가 발표되면서 'Collective Impact'에 대한 관심도가 최대치를 보였다.[1)] 이후, 감소 추세를 보이다 2020년 2월, 코로나19로 글로벌 위기가 극심해진 시기에 다시 관심도가 70까지 상승했다.

한 명의 슈퍼 히어로가 문제를 해결해 주기를 기다리기보다는 모두가 함께 협력할 때 시간, 비용 등의 측면에서 효율적이기에 'Collective Impact'를 대체재로 주목해 온 것이다. 'Collective Impact'의 대표적인 성공

---

1) 분석 기간은 2008년 1월 1일부터 2020년 12월 31일까지이다. 2008년, 글로벌 금융위기가 발생하면서 위기 극복을 위한 협력이 강조되었기 때문에 2008년부터 살펴보았다. 그래프의 값은 가장 높은 100의 관심도를 보인 2015년 9월을 기준으로, 어느 시기에 상대적으로 더 높은 관심을 받는지를 의미한다. 분석 기간 중 'Collective Impact'에 관한 가장 높은 관심도를 보인 국가는 오스트레일리아(100)이며, 나이지리아(73), 캐나다(73), 미국(63), 덴마크(57), 남아프리카공화국(42), 필리핀(26), 영국(18), 인도(12), 프랑스(10) 순으로 관심을 보였다.

[그림 1.2] Collective Impact에 관한 구글 트렌드 분석 결과

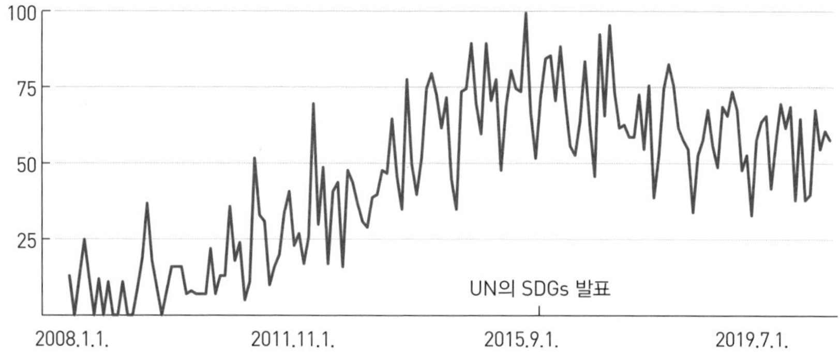

출처: https://trends.google.co.kr/

사례로는 미국 신시내티주의 공교육 개선을 위해 학교, 정부, 기업, 지역 주민 등이 모여 설립한 '스트라이브 투게더(Strive Together)'가 있다. '학생들의 학업 성취도 제고 및 교육 격차 문제 해소'를 공동 목표로 하는 '스트라이브 투게더'의 이해관계자들은 교육 과정 전체를 동시에 바꾸기 위해 지속적인 합의 과정을 거쳐 공통의 평가지표를 개발하고 그 성과를 검토해 나가면서 괄목할 만한 성과를 이루어냈다.[5] "한 아이를 키우려면 온 마을 전체가 필요하다"는 아프리카 속담과 같이 서로 다른 전문성을 지닌 참여 주체들이 사회문제 해결을 위해 힘쓴 덕택이다.

Kania & Kramer(2011)는 Collective Impact가 성공을 거두기 위한 5가지 조건을 다음과 같이 제시하였다. 1) 확실한 공동의 아젠다, 2) 성과 측정 시스템의 공유, 3) 상호 활동의 강화, 4) 지속적인 소통, 5) 탄탄한 중추 지원조직이 그 조건들이다. 먼저, 공통 아젠다에 맞춘 구조적인 프로세스에 따라 프로젝트를 진행하되 사전에 합의된 기준에 따라 임팩트를 측정하고 관리할 필요가 있다. 이 과정은 다양한 이해관계자들의 합의를 이끌어내기 위한 긴밀한 작업을 요구하기 때문에 굉장히 지난한 작업이 될 수 있다. 다음으로, 모든 이해관계자가 지속적인 커뮤니케이션을 유지하며

[표 1.1] Collective Impact를 위한 5가지 조건

구분	내용
공동의 아젠다 (common agenda)	참여하는 조직 모두 사회문제와 그 해결책에 대한 공동의 이해를 가지며 사회변화를 위해 합의된 비전, 공동의 목표를 가짐
성과 측정 시스템의 공유 (shared measurement)	데이터 수집과 성과측정의 지속적인 수행을 통해 참가자들의 의지를 하나로 모아 상호신뢰와 책임성을 제고함
상호 활동의 강화 (mutually reinforcing activities)	서로 다른 전문적 기능을 수행하는 조직들 간의 교류 및 협력을 통해 실행계획을 촉진하면서 각자의 역량을 강화하고 차별화함
지속적인 소통 (continuous communication)	지속적이고 개방적인 의사소통을 통해 상호간의 신뢰구축, 목표 확인, 동기부여의 문화를 형성함
중추지원조직 (backbone support)	모든 참가 주체들을 이끌고 문제 해결을 독려할 수 있는 중추 기능의 전문기관을 의미함

출처: Kania & Kramer(2011). Collective Impact. *Stanford Social Innovation Review*.

상호 보완적인 활동을 강화할 수 있어야 한다. 모든 참여 주체가 같은 일을 하는 것이 아니라, 각자 잘할 수 있는 분야에 집중하여 문제를 다각도로 접근할 수 있게 하는 것이다. 또한 모든 참여 주체들이 상호 협력과 신뢰 구축을 위해 의사소통에 반드시 참여해야 한다. 마지막으로는 참여 주체들이 온전히 문제 해결에 기여할 수 있게 인프라를 지원하는 중추조직이 필요하다. 참여 주체들이 중립적인 역할을 할 수 없기 때문에 단일 조직 혹은 역량을 가진 몇몇 조직들이 참여 주체들을 이끌고 조정하는 기능이 필요하다. 단순히 참여에 그치는 기존 협치 개념의 거버넌스를 통한 변화만으로는 과감하고 적실한 실행이 어려우므로 참여자들의 공감과 연대에 기반한 Collective Impact가 이를 보완하여 더욱 효과적인 성과를 낼 수 있다.

하지만 진일보한 사회문제 해결책으로 보이는 Collective Impact 역시 비판의 목소리와 실현의 어려움이 존재한다.[6] 다른 여타의 협업 프로세스와 마찬가지로 단기성과 창출에 치중하여 측정이 용이한 활동, 가시적으로 보여줄 수 있는 프로젝트 위주로 흘러갈 수 있다는 것이다. 또한, Collective Impact에 의한 효과 자체보다는 성과를 이루어낸 개별 조직에 더

관심이 쏠리며 본래의 목적이 변질될 가능성도 제기된다. 이러한 한계들로 인해 10여 년 전, 사회문제 해결의 새로운 대안으로 등장하며 많은 관심을 불러일으킨 Collective Impact는 어쩌면 협력의 또 다른 이름으로 비춰지며 더 큰 반향을 일으키지 못하였다고 볼 수 있다.

따라서 우리는 Collective Impact가 단순 개별적 솔루션의 합이 아닌 체계적인 협력 체계가 될 수 있도록 협력 외에 간과되어 온 요소에도 주목한다. 가장 중요한 것은 10년 전과 비교할 수 없을 정도로 복잡하고 심화된 사회문제의 속성을 정교하게 파악하는 것이다. 사회적 기업이나 소셜벤처처럼 새로운 사회문제 해결 주체들이 등장하고 있고 정부, 기업, 시민사회와 같은 전통적 사회문제 해결 주체들이 여전히 주도적인 역할을 수행하고 있지만, 이들의 문제 해결 방식에 대한 비판도 높다. 문제 발생 속도가 해결 속도에 비해 더 빠르다는 사실이 이들 주체들이 직면한 한계를 잘 보여준다.

그렇다면 사회문제 해결 주체라 할 수 있는 정부, 기업, 시민사회, 사회적 기업 등의 문제 해결 방식이 과연 효과적인지 되짚어 볼 필요가 있다. 문제 해결 주체들의 역할에 대한 재점검과 더불어 현시점에서 우리나라의 사회문제란 과연 무엇이며, 어떠한 속성을 가지는지 면밀하게 분석해야 한다. 문제와 주체에 대한 종합적인 분석을 통해 개별 사회문제 해결 주체의 역량을 강화할 수 있는 방안을 강구할 수 있다. 각 주체의 역량이 극대화될 때 이들의 영향력이 모여 창출할 수 있는 가치 역시 극대화될 수 있기 때문이다. 더 나아가, 특정 사회문제에 대해 어떤 주체들이 어떻게 협력하는 것이 가장 효과적일지에 대한 논의가 뒷받침되어야 할 것이다. 이러한 관점에서 우리는 기존의 협력적 임팩트로 많이 설명되는 Collective Impact를 '집합적 임팩트'로 부르고자 한다. 과거의 실패를 반복하지 않기 위해서는 협력 외의 요소들, 즉, 사회문제 속성 분석 및 각 주체들의 역량 강화 방안을 충분히 감안하여 성공적인 집합적 임팩트를 완성시켜야 한다.

앞선 구글 트렌드 분석 결과에서 보듯, 코로나19 위기 속에서 집합적 임팩트를 통한 협력이 재조명되고 있다. 시간제 방문 돌봄 서비스를 제공하는 소셜벤처 '놀담'의 기존 고객들은 중산층 이상의 가정이었지만, 코로나19로 인한 전 사회적 위기를 함께 극복하기 위해 취약계층 가정에게 200시간의 긴급 돌봄 서비스를 무료로 지원하는 등 고객층을 확대했다. 이는 해당 문제를 공감하는 대기업, 재단 등의 임팩트 투자 및 지원을 받아 재빠르게 기업의 구조를 변화시켰기에 가능했다.[7] 이렇듯 각 주체별로 위기를 돌파하기 위한 각자도생의 전략 대신 주체 간 협력을 통한 집합적 임팩트 전략을 선택한다면 사회문제 해결의 임팩트를 극대화할 수 있다. 물론, 여기에서 중요한 것은 집합적 임팩트가 지속적으로 유지되어야 하는 것이다. 그렇다면, 집합적 임팩트 활동이 장기적인 가치 창출 시스템으로 자리 잡으려면, 어떻게 해야 할까?

우리는 집합적 임팩트가 단기간에 해결 가능한 가시적인 성과만을 보여주는 방식이라면, 과거와 똑같은 실패를 답습할 것이라 생각했다. 이에, 장기적인 가치 창출 시스템으로서 집합적 임팩트의 성공 전략을 구체화하는 데 초점을 맞췄다. 이를 위해 우리는 '집합적 임팩트 생태계'라는 새로운 개념을 제안하고자 한다. 다양한 주체들이 하나의 생태계를 갖춘다면, 그 생태계가 시행착오를 겪으면서 성장, 확장하는 과정을 통해 사회문제 해결 이상의 다양한 가치를 장기적으로 창출할 수 있을 것이다. 이 생태계는 새로운 사회문제가 발생하더라도 문제 해결에 투입되는 비용과 시간을 단축시키고 적재적소에 해결 방안을 제시할 수 있는 창구가 될 수 있다. 그럼, 이제부터 '집합적 임팩트 생태계'가 구체적으로 무엇이고, 왜 필요한지에 대해 살펴보도록 하자.

2. 집합적 임팩트 생태계란?

지금까지의 집합적 임팩트는 특정 사회문제나 섹터에 편중되어 나타났다. 신뢰에 기반한 협력, 연대를 통한 문제 해결 경험과 역량이 부족했기 때문에 다양한 분야에서 집합적 임팩트를 위한 시도가 활발하지 않았다. 그러나 최근에 발생한 코로나19를 계기로 사회문제의 경계가 모호해지고 있음을 확인했다. 과거처럼, 사회문제를 특정 국가, 지역, 집단, 개인의 문제로 명확히 구분할 수 있는 것이 아니라, 개인의 문제가 특정 집단이나 지역, 국가의 문제를 넘어, 전 세계의 문제로 확대되고 있기 때문이다. 또한, 감염병의 보건/건강 문제가 정치/외교, 무역, 사회갈등 등 다양한 영역에 걸친 사회문제로 이어지는 현실을 실감하고 있다. 이러한 위험의 복잡계화 현상은 다양한 사회문제가 중첩되어 있다는 사실을 그대로 보여준다. 따라서 집합적 임팩트에 대해서도 특정 사회문제를 넘어, 사회 전체 차원으로 그 범위를 넓혀 이해할 필요가 있다.

이를 위해서는 개별 사회문제 해결을 통한 임팩트 창출을 넘어, 보다 거시적이고 장기적인 관점에서 사회적 가치를 창출하는 집합적 임팩트 생태계를 구축하는 것이 중요하다. 사회과학에서 생태계란 개별 조직뿐 아니라 그 조직을 둘러싼 경쟁과 협력의 활동 조건 혹은 서식 조건을 포괄하는 시스템 개념이다.[8] 우리가 진단하고자 하는 사회문제는 단일 주체들만의 문제가 아니라, 사회적 가치를 추구하는 특정 환경 속에 있는 수많은 주체들의 상호작용이 요구되기 때문에 생태계적 접근이 필요하다. 또한,

사회문제가 복잡계화되면서 다양한 영역에 영향을 미치고, 그 영향력 역시 예측가능성을 벗어나고 있다. 이에, 생태계적 관점에 기반한 사회문제의 이해, 그리고 그 해결 방식의 확보가 점차 중요해지고 있는 상황이다.

집합적 임팩트 생태계는 임팩트 창출에 참여하는 행위자들에게 필요한 기능과 과정이 원활이 작동할 수 있도록 유기적으로 결합된 시스템이다. 사회문제 진단 및 재구성을 통해 주체들의 역량을 강화해 나가는 요소들의 결합체 또는 서로 협력해 나가는 동태적인 공동체로 정의할 수 있다. 참여 주체들 간의 협력으로 지식이나 경험을 공유함으로써 개별 주체들의 역량을 강화하고, 사회문제를 효율적으로 진단하는 질적 상호작용 및 선순환 과정이 생태계 내에서 작동한다. 따라서 집합적 임팩트 생태계는 개별 참여 주체들에게도 매우 유용하다.

대표적인 사례로 2006년부터 시작된 SK의 행복얼라이언스를 들 수 있다. 행복얼라이언스는 전국의 29개 행복도시락 센터, 교육청, 지역아동센터, 지방자치단체, 기업 등 다양한 주체들이 결식아동 문제를 해결하고자 모인 네트워크이다. 그러나 2020년 3월, 급속히 확산된 코로나19로 대구·경북 지역이 큰 타격을 입으면서 평소 결식아동들의 끼니를 챙겨주던 식당들마저 폐업하게 되었다. 이에, 결식이웃에게 양질의 도시락을 만들어 배달하는 업무에 코로나19로 생계가 어려워진 이들을 배치시켜 일자리를 창출하는 등 사회문제의 반경을 넓혔다. 또한, 도시락을 만드는 사회적 기업, 물품을 지원하는 기업, 도시락의 빠른 배송을 도와주는 지자체 간의 협력으로 소외된 지역의 결식아동들을 지원할 수 있었다. 이는 특정 사회문제를 넘어, 그와 연관된 다양한 사회문제를 해결함에 있어 공통의 목적을 지닌 행위자들의 협력이 중요하다는 점을 시사한다. 또한, 사회혁신 주체들의 네트워크가 하나의 생태계를 이루어 상호 보완적인 가치를 가진 물적 자원이나 인적 자원, 조직적 역량을 적극적으로 활용한 것도 성과를 내는 데 중요하게 기여했음을 알 수 있다.

따라서 근시안적 관점에서 벗어나 항공뷰에서 내려다보는 것처럼 지역

문제를 넘어, 국가, 더 나아가서는 글로벌한 문제를 해결하기 위해 생태계 안에서 환경(사회문제), 조직(문제 해결 주체), 협력(문제 해결 방법)의 세 가지 요소가 상호작용하면서 집합적 임팩트가 실현되는 최적의 퍼즐 조합을 완성시키고자 노력해야 한다. 주주 자본주의에서 이해관계자 자본주의로 자본주의의 새 역사가 시작되고 있는 이 시대, 리베카 핸더슨(Rebecca Henderson)은 아키텍처 혁신이 중요하다고 강조한다. 아키텍처란 소프트웨어의 각 구성 요소들을 연결시키는 것과 관련된 시스템 설계를 의미한다. 개별 요소에 매몰되기보다는 그들 간의 관계에 주목하여 더 큰 변화를 이끌 때, 아키텍처 혁신이 가능하며 그 속에서 새로운 기회를 발견할 수 있다.[9] 집합적 임팩트 역시, 아키텍처 혁신이 가능하려면, 그 구성 요소 하나하나에 집중하기보다는 각 퍼즐 조각들을 연결하고 그 관계를 변화시키는 생태계적 관점이 필요하다. 단일 주체 차원이 아닌, 상이한 네트워크와 시스템 결합을 통해 다양한 문제를 지속 가능하게 해결할 때, 집합적 임팩트 생태계를 진화, 발전시켜 사회변화에 기여할 새로운 기회를 창출할 수 있을 것이다.

3. 퍼즐을 완성하려면?

초창기의 집합적 임팩트 접근은 다양한 자발적 참여주체를 상정하여 주체들 간의 역량이 비슷하며 사회문제에 대한 솔루션도 협력 과정을 통해 도출이 가능한 것으로 전제하고 있다. 그러나 이러한 접근은 해결이 어려운 난제가 증가하는 현실을 제대로 반영하지 못할 수 있다. 예를 들어 생각해 보자. 가계 부채 증가 문제가 심각해지고 있는 상황에서 집합적 임팩트의 방식으로 문제를 해결하려 한다고 할 때, 다양한 참여 주체를 찾는 것부터 쉽지 않다. 개별 주체들의 문제 해결 역량도 다를뿐더러, 집결된 역량을 통해 솔루션을 도출하는 과정도 만만치 않다. 가계 부채 증가의 문제 자체가 금리 인상, 부동산 가격의 급증 등 다양한 문제들과 복합적으로 얽혀있기 때문이다.

따라서 복잡한 사회문제를 성공적으로 해결하기 위해서는 집합적 임팩트의 개념을 넘어, 생태계적 접근을 통해 사회문제의 속성, 주체별 역량, 주체 간 협력의 수준을 동시에 고려하면서 이들 간의 상호작용을 극대화할 수 있는 조건을 모색하는 것이 필요하다. 특정 사회문제에 대한 주체 간 협력을 강조한 초창기의 집합적 임팩트가 사회문제 중심으로 여러 개 모이면, 서로 중첩되는 영역이 발생한다. 이때, 사회문제 속성을 제대로 파악하면, 특정 문제 영역의 개별적 임팩트가 조정을 거치면서 상호 협력이 가능한 집합적 임팩트 생태계로 진화, 발전할 수 있다. 하지만, 사회문제의 심각성 혹은 시급성이 높지 않거나 각 주체들의 역량이나 위상이 담보되지 않는다면, 효과적인 생태계로 거듭나는 데 걸림돌이 될 수 있다. 또한, 사회문제에 대한 합의나 참여 주체가 부족할 경우, 문제 해결을 시도하는 단계에서 실패할 수 있다. 따라서 사회문제, 문제 해결 주체, 주체 간 협력의 세 가지 퍼즐을 잘 조합하여 어떤 문제가 심각한지 파악하고, 각 주체들의 역량 및 협력 생태계를 강화하기 위한 전략을 도출해야 한다.

이를 위해 먼저, 사회문제 속성부터 제대로 파악하고자 한다. 모든 사회문제에서 집합적 임팩트가 요구되는 것은 아니다. 사회문제 유형에 따라 집합적 임팩트가 실현되기 좋은 문제가 있고, 당장 시급하지는 않지만 문제 해결이 어려워 집합적 임팩트가 필요한 문제가 있을 수 있다. 복잡계로 연결된 사회문제 구조를 정확히 파악하는 것은 누구와 어떻게 협력해야 하는지를 확인하여 이전에 없던 경제적·사회적 가치를 창출할 수 있다. 그렇다면, 어떤 기준으로 사회문제 속성을 분류할 수 있을까?

사회문제는 일반적으로 사회 구성원들에게 부정적인 영향을 미치는 객관적 상태 및 조건을 의미한다.[10] 그 시대에 바람직하다고 생각되는 규범이나 가치에 어긋나는 문제로 사회문제를 정의하기도 한다.[11][12] 과학, 기술의 발달로 개인이 쉽게 정보를 얻게 되면서, 그리고 개인의 의식이 성숙해지면서 과거에는 중요하게 생각하지 않았던 환경 문제나 인권 문제 등이 사회문제로 공론화되고 있다.[2)] 개인이 심각하게 생각하는 사회문제를 면밀히 살펴봐야 하는 이유이다. 최근 대두되고 있는 환경 문제나 고령화 문제, 감염병 문제, 안전 문제 등을 생각해 보자. 특정 계층이나 집단의 문제가 아니라, 누구라도 지금 혹은 앞으로 겪을 수 있는 '위험의 개인화'

2) 아동학대 문제를 예로 들어보자. 미국 등 '개인주의' 문화가 지배적인 서구권 국가에서는 아동학대를 가한 부모들을 강력히 처벌해 왔지만, '집단주의' 문화가 지배적인 우리나라에서는 아동학대를 가족 내부의 문제로 여겨왔다. 하지만 아동학대 사건들이 지속적으로 발생하고 그 심각성을 인지하기 시작하면서 우리나라에서도 '아동학대'와 '범죄'를 연결시켜 언급하는 경향이 높아졌다. 아동학대 관련 국민청원이 증가했다는 점도 아동학대에 대해 가족 간의 문제를 넘어, 사회문제로 인식하고 있음을 보여준다(SK mySUNI SV College, 2020).

를 보여주는 대표적인 문제이다. 이는 사회문제의 영향력이 커졌다는 의미이기도 하지만, 해결의 난이도 역시 높아졌다는 의미이기도 하다.

따라서 사회문제를 영향력과 난이도로 유형화하여 사회문제 해결의 우선순위를 파악하고, 차별화된 방식으로 문제 해결의 효과성을 높이는 접근이 필요하다. 어떤 사회문제는 문제 정의가 잘되어 있고, 해답도 이미 도출되어 있어서 몇몇 기관들이 그 솔루션을 수행하기만 하면 된다. 반면에 영향력은 크지만, 복잡하고 난해한 문제의 경우 명확한 답이 나와 있지 않아 해결에 어려움을 겪기도 한다. 행여 답이 있더라도 개별 조직 단위에서 문제 해결에 필요한 자원과 권한을 모두 가지고 있다고 보장할 수 없다. 그렇다고 모든 사회문제에 모든 해결 주체가 투입되는 구조도 현실적으로 가능하지 않다. 이때, 효과적인 솔루션을 얻기 위해서는 사회문제 유형을 파악하여, 영향력과 난이도가 높은 문제에 참여했던 주체들로부터 학습이 가능한 집합적 임팩트 생태계 구축이 이뤄져야 한다.

둘째, 사회문제 해결 주체들의 특성, 역량이 서로 다르다는 점을 인지하여 개별 주체들의 역량 극대화 전략을 마련해야 한다. 전통적인 사회문제 해결자로서 정부는 오랫동안, 복지, 국방, 경제, 정치·외교 등의 특정 이슈를 해결해 온 전문성을 보유하고 있다. 기업은 이윤 창출 활동을 통해 국가의 경제 발전을 이끄는 데 큰 역할을 해왔고, 최근 들어서는 사회공헌 활동 등 사회적 책임을 통해 사회문제 해결에도 기여하고 있다. 사회적 기업과 NGO는 고용 문제나 복지, 사회서비스, 공동체 지원 등의 문제를 해결하는 데 주목해 왔다. 그 역량을 십분 발휘할 수 있도록 사회문제의 속성, 변화에 대응하여 각 주체가 더 잘 해결할 수 있는 분야를 찾아야 한다. 또한, 점점 더 복잡해지는 사회문제 해결을 위해 주체들 간의 경계를 허물고 그 역할을 변화시킬 필요도 있다. 그동안, 정부, NGO, 사회적 기업, 기업이 각자의 역량을 바탕으로 사회문제를 해결해 왔지만, 사회문제와 함께 살고 있다고 표현될 정도로 우리의 일상 속에 수많은 사회문제가 존재하기 때문이다. 또한, 코로나19로 발생한 연쇄적 사회문제들을 통해 우리는 이전의 구조가 아닌 새로운 접근이 필요함을 학습했다.

따라서 정부는 현재 시급한 사회문제 해결뿐만 아니라, 미래에 발생할 사회문제에 사전 대응할 수 있도록 사회문제를 미리 예측하고 수요를 발굴할 필요가 있다. 기업은 자선적 차원의 사회적 책임 활동을 넘어, 비즈니스에 직접적으로 연관되는 사회문제를 찾아 비즈니스 기회를 확장할 필요가 있다. 사회적 기업이나 NGO는 사회문제 해결에 있어, 좀 더 실질적이고 현실적인 대안을 마련하고 새로운 영역을 개척하는 역할로 진화해야 한다. 자원과 역량의 총량이 한정되어 있다는 점을 생각할 때, 각 주체들은 사회문제 유형에 따라 사회문제 해결의 강도를 전략적으로 조절하여 그 역할을 변화시킬 필요가 있다. 이를 통해 각 주체들은 사회문제 해결 전문가로 거듭날 수 있을 것이다.

셋째, 개별 사회문제 수준이 아닌 사회 전체적 수준에서 실질적 협력을 위한 방향성을 도출해야 한다. 협력이란 일반적으로 대등한 관계에서 직접적이고 원활한 상호작용을 통해 공공의 문제를 해결하는 것을 의미한다.[13 14 15] 대개 협력은 개별 조직 수준에 초점을 두어 목표달성을 위한 공동의 사업을 추진하거나 조직 간 의사소통을 확장하는 차원에 머무르는 경우가 많다. 하지만 집합적 임팩트를 창출하기 위한 협력은 특정 조직이나 주체의 경계를 넘어 새로운 가치를 만들어내는 과정으로 이해해야 한다.[16] 이를 위해 2011년에 제시된 '성공적인 집합적 임팩트를 위한 5가지 조건'을 적용하여 협력의 방향을 재설정하고자 한다.

협력의 방향은 특정 사회문제를 해결하는 데 얼마나 다양한 주체들이 어느 정도의 비중으로 참여하고 있는지, 즉, 해결 주체의 다양성과 문제해결의 집중도를 기준으로 협력 생태계를 유형화함으로써 도출할 수 있다. 여기에도 사회문제의 유형별 접근이 뒷받침되어야 한다. 만약, 영향력과 난이도가 모두 높은 문제라면, 여러 주체들이 함께 문제를 해결하는 것이 효과적이다. 난이도는 낮지만 영향력이 큰 문제 역시, 여러 주체들이 선제적으로 대응하는 것이 필요하다. 그런데, 어느 한 주체가 특정 문제 해결에만 집중하고 있는 상황이라면, 혹은 어느 누구도 관심을 갖고 있지 않는 상황이라면, 사회문제 해결 속도가 발생 속도를 따라가지 못하는 현상이 지속되게 된다. 이를 개선하려면, 전자의 경우에는 성과 측정을 통해 문제 해결에 투입되는 자원을 효율적으로 배분해야 할 것이고 후자의 경우에는 문제 해결에 뛰어들 주체들을 늘려야 할 것이다. 협력을 함에 있어서도 집합적 임팩트 생태계라는 거시적인 차원에서 사회문제 유형과 변화의 흐름을 파악하고, 각 주체별 특성과 역량에 맞는 전략을 구사하여야 한다.

집합적 임팩트가 장기적인 사회문제 해결 전략으로 자리매김하기 위한 핵심은 다양한 주체들이 각자의 역할과 활동에 충실하면서도 함께 어우러져 공동의 목표를 달성해 가는 '따로 또 같이'의 전략과 더불어, 개별 주체들이 서로의 역량을 학습할 수 있도록 제도적인 지원이 가능한 '집합적 임팩트 생태계'의 구축과 확장으로 귀결될 수 있다. 개별 사회문제가 아닌 전체 사회문제 '숲'을 바라볼 때, 그리고 거시적인 '생태계' 중심의 집합적 임팩트를 논의할 때 효과적인 사회문제 해결을 위한 청사진을 마련할 수 있을 것이다.

4. 퍼즐 맞추기를 위한 첫걸음

집합적 임팩트 생태계를 완성하려면, 주체 간 협력 수준을 살펴보기에 앞서, 우리 사회에 어떤 사회문제가 있고, 이를 해결하는 핵심 주체가 누구인지부터 파악해야 한다. 이를 위해 첫째, 현대 사회의 다양한 사회문제들을 유형화하는 작업을 진행했다. 분석 결과의 객관성을 높이기 위해 2020년 5월, 일반 국민 1,000명을 대상으로 실시한 사회적가치연구원(CSES)과 트리플라잇(triplelight)의 「사회문제 인식조사」에서 '2020 대한민국 사회문제'로 선정된 100대 이슈를 활용하였다. 그중에서도 영향력과 난이도[3]가 높은 30대 사회문제[4]를 추출하였다. 국민들의 삶에 보다 막대한 영향력을 미치는 문제들의 현황과 해결 방안을 도출하는 것에 집중하기 위해 30대 사회문제로 문제의 범위를 재조정했다.

둘째, 핵심 사회 주체들의 문제 해결 역량을 살펴보았다. 우리는 전통적 사회문제 해결 주체인 정부뿐 아니라, 경제적 성과를 바탕으로 사회문제 해결에 힘쓰고 있는 기업, 공익 실현을 위해 꾸준히 노력하는 시민사회, 새로운 사회문제 해결 주체로 떠오른 사회적 기업을 대표적인 문제 해결 주체로 간주하였다. 이들이 어떠한 사회문제를 얼마만큼의 노력을 들여 해결하고 있는지 그 수준을 파악하는 것은 집합적 임팩트 생태계 구축

3) 영향력은 2020년 기준, 100대 사회문제에 대한 국민 인식 조사 결과를 반영한 것이고, 난이도는 100대 사회문제의 문제 해결 역량 수준을 파악하기 위해 2019년 기준, OECD, WEF 등의 국제 자료들을 바탕으로 OECD 국가 대비 한국의 수준을 분석한 것이다.

4) 30대 사회문제의 구체적인 내용은 2부에서 확인할 수 있다.

을 위한 필수 조건이다. 따라서 정부 예산, 기업의 사회공헌 프로그램, 시민사회 및 사회적 기업의 사업 영역을 30대 사회문제와 매칭하여 각 주체들이 우리 사회의 중요한 문제들을 얼마나 해결하고 있는지 살펴보았다. 분석은 가장 최근 시점에서 정부, 기업, 시민사회, 사회적 기업 모두에 대해 자료 수집이 가능한 2019년을 기준으로 이뤄졌다.[5)]

셋째, 문제 해결 주체 간의 협력 수준을 진단하기 위한 협력 생태계 유형을 살펴보았다. 이는 특정 사회문제 해결에 얼마나 다양한 주체들이 집중적으로 혹은 분절적으로 참여하는지로 파악 가능하다. 이를 위해 30대 사회문제 유형화 결과와 이를 기반으로 한 4대 핵심 주체들의 문제 해결 수준을 분석한 결과를 활용하였다. 우리는 이상의 세 가지 요소들이 따로 존재하는 것이 아니라, 긴밀히 연결되어 있어, 서로 영향을 주고받는다는 사실에 주목했다. 이에, '사회문제 유형', '문제 해결 주체의 역량'의 두 가지 요소가 동반된 입체적인 협력 생태계 조건 및 유형을 폐쇄형, 분화형, 몰입형, 개방형으로 도출함으로써 차별화된 집합적 임팩트 생태계를 제안하고자 한다.

그럼, 이제부터 '누가', '어떤' 사회문제를 '어떻게' 해결하는지 파악하기 위해 활용한 자료들을 구체적으로 살펴보자.

정부 예산

정부는 각종 정책을 통해 국민들이 겪고 있는 사회문제를 해결해 온 대표적인 사회 주체이다.[17] 보통 새로운 정부가 출범하면 가장 먼저 하는 일 중 하나는 국정운영과제를 발표하는 것이다. 5년간 국정운영을 어떻게 할 것인지 목표와 전략을 제시하고 각 부처별로 세부 과제를 발표한다. 국정

5) 보통, 국민들이 사회문제 영향력을 심각하게 인식하기까지 사회문제가 발생한 시점으로부터 상당한 기간이 소요된다. 따라서 첫 번째 분석에서 2020년 기준, 국민들의 인식 조사 결과를 기반으로 30대 사회문제를 도출한 것과 두 번째 분석에서 2019년 기준, 각 주체들이 30대 사회문제를 해결한 정도를 살펴본 것은 논리적으로 타당하다고 보았다. 2020년 이전에 발생한 사회문제들로 인해 국민들이 해당 문제들을 심각하게 인지하고 있으며, 그에 기반하여 각 주체들의 문제 해결 노력을 살펴보았기 때문이다.

운영과제를 보면 정부가 어떠한 사회문제에 관심을 갖는지 파악할 수 있다. 하지만 과연 그 사회문제를 어떻게 해결할지 혹은 실제로 어떻게 해결하고 있는지 확인하기는 쉽지 않다. 실질적으로 정부가 어떻게 사회문제를 해결하는지 파악하기 위해 예산 내역을 살펴보았다. 국민들이 필요로 하는 정책을 이행하기 위해 정부는 매년 예산을 편성하고 집행하기 때문에 정부 예산에는 경제, 사회 환경 변화나 이념 변화에 따른 당대의 심각한 사회문제가 반영되어 있다. 따라서 정부 예산을 보면, 각 부처별로 어떤 사회문제 해결에 집중하는지 파악할 수 있다.

보건복지부를 예로 들어 살펴보자. 문재인 정부의 100대 국정운영과제 중 보건복지부의 국정목표는 '내 삶을 책임지는 국가'이다. 국민들의 삶에 부정적인 영향을 미치는 문제들을 해결해 줄 것이라는 생각이 들지만, 어떻게 문제를 해결하고 책임질지에 대해서는 다소 추상적이다. 국정과제에는 목표와 전략에 관한 내용과 기대효과가 간략히 제시되어 있어, 어떤 사회문제를 실제 얼마만큼의 투입을 들여 해결하는지는 알 수 없기 때문이다. 이러한 한계를 극복하기 위해 보건복지부의 예산안을 살펴본 결과, 보건복지부는 우리가 예상하는 것 이상으로 많은 사회문제를 해결하고 있었다. 의료인력 양성, 노인 돌봄 서비스 지원, 어린이집 확충 및 생활 개선 등과 같은 사업 이외에도 장애인 권익 증진 등 사회통합과 관련된 사회문제, 기후변화 적응 건강관리 등의 환경문제도 해결하고 있다. 이처럼, 정부 예산에는 특정 부처가 실질적으로 어떤 사회문제를 해결하고 있는지 보다 구체적인 내용이 담겨 있다.

우리가 살펴본 정부 예산 자료는 행정안전부의 '지방재정365' 홈페이지에서 제공하는 2019 회계연도의 세출예산편성 현황이다. 해당 자료는 각 중앙부처별로 편성된 예산을 분야·부문·프로그램·단위사업의 세부항목별로 분류하여 제시한다. 그중, 각 부처의 예산이 집행되는 양상을 구체적으로 파악하기 위해 가장 작은 단위인 단위사업에 주목하였다. 2019년 국토교통부 「성과관리 시행계획」에 따르면, 국토교통부 하천관리 프로그램의 국가하천정비지원 단위사업은 국토의 홍수대응능력을 높이고 하천관리 체계의 효율화를 목적으로 한다.[18] 따라서 국가하천정비지원이라는 단위사업 명칭을 확인함으로써 국토교통부가 홍수 등의 재난 문제를 해결하기 위해 예산을 투입하였다는 사실을 파악할 수 있다. 이처럼 단위사업 명칭을 통해 정부가 구체적으로 어떤 사회문제를 해결하는지 분류하였다. 하지만, 단위사업을 특정 사회문제와 정확히 매칭하기 어려운 경우도 있다. 예를 들어, 중앙선거관리위원회의 '선거의 공정한 관리' 프로그램에는 '선거관리 지원'과 '정당발전 지원'의 단위사업이 편성되어 있다. '선거관리 지원'과 '정당발전 지원'은 우리가 보는 30대 사회문제와 연결시키기가 쉽지 않다. 이러한 경우, 상위 수준의 프로그램명인 '선거의 공정한 관리'를 확인하여, '부정부패 및 뇌물수수'라는 사회문제와 매칭시키는 방법을 활용하였다.

기업의 사회공헌 프로그램

본래 이윤 창출을 추구해 왔던 기업은 소비자들로부터 신뢰를 얻고 경영성과를 향상시키기 위한 공익 마케팅(cause marketing)의 일환으로 사회공헌 활동에 자원을 투입하여 사회에 일부 도움을 주고 있다.[19] 하지만 점차 사회문제가 복잡해지고 해결이 어려운 난제(wicked problem)의 특성을 갖게 되면서 사회문제는 모든 주체들이 공통적으로 해결해야 하는 목표로 자리잡았다. 기업 역시 이러한 흐름에 따라 단순히 공익 마케팅의 개념으로 사회공헌에 접근하는 것을 넘어, 적극적으로 사회문제 해결책을 제시하는 방향으로 변화하고 있다. 기업의 사회공헌과 사회적 책임은 피라미드 모형을 통해 설명되는 Carroll의 정의가 일반적이다.[20] 피라미드 모형은 첫 단계인 기업의 경제적 책임부터 법적인 책임, 윤리적 책임, 마지막 자선적인 책임까지 네 단계로 구성된다. 이는 기업이 경영 활동을 할 때 준수해야 하는 책임 및 가치를 의미한다. 최근 기업의 사회공헌은 자원봉사, 기부금 기탁에서 벗어나 지속 가능한 환경경영, 기업정보 공개를 통한 투명경영, 비금전적 기업자산 공유까지 전략적인 방법으로 사업을 다양화하는 등 비즈니스에 밀접하게 다가가는 모습을 보인다.[21]

이러한 기업의 변화는 기업들이 현재 시행하는 사회공헌 프로그램을 통해 드러난다. 기업은 그들의 핵심 역량을 발휘하여 다양한 사회문제를 해결할 수 있는 독창적인 프로그램을 개발한다. 따라서 기업이 사회문제에 해결하는 정도는 각 기업이 운영하는 사회공헌 프로그램 수와 프로그램에 투입된 재정 규모로 확인할 수 있다. 각 기업의 사회공헌 프로그램의 내용을 살펴보면 기업이 추구하는 가치와 해결하는 사회문제의 종류도 파악할 수 있다. 기업의 사회공헌 프로그램은 개별 기업이 우리 사회의 일원으로서 어떠한 사회문제를 해결하여 긍정적 가치를 창출하는지를 나타내는 지표라는 점에서 중요하다.

예를 들어, SK하이닉스는 세 가지의 사회공헌 프로그램을 진행하고 있다. 먼저, '행복나눔봉사단'을 운영하여 이천, 청주 지역의 결식위험 아동, 저소득 노인가구에게 균형 잡힌 영양식단 도시락을 배송한다. 여기에 그치지 않고 기업 구성원들의 봉사 활동과 연계하여 결식위험 아동의 생활환경을 꾸준히 모니터링하는 등 취약계층의 복지 문제도 해결한다. 또 다른 프로그램인 '기억장애 수호천사 행복 GPS'는 기억장애를 앓고 있는 취약계층의 실종으로 발생하는 각종 사회적 비용을 예방하기 위해 개발되었다. 초소형 GPS 배회감지기와 통신비를 치매노인 및 발달장애인에게 지원함으로써 사회적 약자에 대한 차별 및 취약계층 안전망 부족 문제를 해결한다고 볼 수 있다. 마지막으로 '하인슈타인' 프로그램은 취약계층 아동들에게 S/W코딩교육과 올림피아드 경진대회, 과학견학의 기회를 제공하여 교육 불평등 문제를 해결하고 있다. 세 가지 사회공헌 프로그램은 사회문제 해결에 모두 상당한 구체성을 가지고 있어, 기업도 더 이상 사회문제 해결을 논의함에 있어 빠질 수 없는 주체임을 보여준다.

기업의 사회문제 해결 노력을 살펴보기 위해 한국사회복지협의회와 대한상공회의소 지속가능경영센터가 발간한 『2019 사회공헌 백서』에서 공기업을 제외한 96대 기업의 281개 사회공헌 프로그램을 분석했다.[6)] 281개의 사회공헌 프로그램을 살펴본 결과, 오랜 역사를 가진 사회공헌 프로그램도 있었지만, SK텔레콤의 True Innovation, 삼성물산의 폐자전거 업사이클링 Bike we like 등 가장 최근인 2018년에 시작된 사회공헌 프로그램도 총 29개가 있었다. 각 사회공헌 프로그램이 어떤 사회문제를 해결하는지 파악하기 위해 281개 사회공헌 프로그램의 구체적인 사업 개요를 살펴보았다. 예를 들어, SK이노베이션의 '전국 발달장애인 음악축제'는 발달장애인의 사회성 향상 및 음악적 재능 지원을 위해 전국 발달장애인 음악단체를 대상으로 연주 기회를 제공한다. 이는 장애인 등 사회적 약자에 대한 차별의 문제를 해결한다고 보았다.

시민사회의 사업 영역

시민사회는 공익 실현을 목적으로 하는 시민단체를 비롯한 비영리민간단체, 비영리조직을 포괄하는 개념이다. 우리나라에서는 「비영리민간단체 지원법」에 근거하여, 비영리민간단체를 공동의 이익을 추구하고 공익 활동에 공헌하는 조직으로 정의한다. 우리가 살펴보는 시민사회도 구체적인 사업을 통해 사회문제를 해결하고, 공익을 실현하는 조직이기 때문에 비영리민간단체에 가깝다. 많은 연구에서 대표적으로 인용되는 Salamon의 정의에 의하면, 비영리민간단체는 "민간 혹은 정부로부터 벗어나 어느 정도 제도화 및 기구화 되어있으며, 공익 실현을 위해 자발적으로 참여하는 조직"을 의미한다.[22] 여기에서 비영리민간단체의 가장 큰 특징은 자율성

6) 사회공헌 백서의 분석 대상은 시가총액을 기준으로 120대 기업 리스트를 확보한 후, 매출액 500대 기업 중 누락된 기업 및 공기업을 추가하여 후보 리스트를 선정하고 사회공헌 공시자료가 없는 기업 8곳을 고려한 최종 100대 기업의 296개 사회공헌 프로그램이다. 하지만, 우리는 이윤 추구 활동을 목적으로 하는 기업의 사회문제 해결 노력을 파악하기 위해 4개의 공기업(강원랜드, 한국가스공사, 한국항공우주, 한국전력)을 제외한 96대 기업의 281개 사회공헌 프로그램을 살펴보았다.

과 공익 추구임을 확인할 수 있다. 우리가 일반적으로 시민사회를 생각하면 떠올리는 이미지도 Salamon의 정의와 비슷하다. 다수의 시민단체는 특정 사회문제를 구체적으로 해결하기보다는 사회문제를 제기하거나 공익에 반하는 사안에 대해 반대의견을 피력하는 옹호 활동(advocacy)을 수행하기 때문이다.

하지만 시민사회는 정부나 기업에 의해 제공되지 못하는 공공서비스를 공급하는 역할을 담당하면서 활동 범위가 점차 확장되고 있다.[23] 국제비영리조직 분류(ICNPO: The International Classification of Nonprofit Organization)에 따르면 비영리민간단체의 활동 영역은 문화와 레크리에이션, 교육과 연구, 건강, 개발과 주택, 환경, 사회서비스, 법·지원·정치, 국제적 활동, 자선조직과 자원봉사 활성화, 종교, 기업·직업단체·노동조합, 기타 등으로 구분된다.[24] 또한, 시민사회는 공중보건, 사회복지, 재난관리, 문화서비스 등 공공의 문제나 수요를 해결하기 위해 특색 있는 사업을 진행하고 타 조직과 협력하기도 한다.[25] 시민단체의 활동은 환경문제의 경각심에 대해 목소리를 내거나 차별적인 요소에 대해 저항하는 수준을 넘어, 다양한 영역의 구체적인 사업으로 확장되고 있다.

시민사회가 진행하는 사업 내용을 확인해 보면, 생각보다 많은 사회문제를 구체적으로 해결하고 있음을 알 수 있다. 예를 들어, '사단법인 로즈클럽인터내셔널'이라는 단체는 빈곤·재난 지역을 위한 복지 및 구호 사업, 보건의료 분야의 국가 및 지방정부 위탁 사업, 국제단체 및 해외기관과의 교류협력 등의 사업을 수행하고 있다.[26] 소속 지역 외에 네팔, 필리핀, 에티오피아와 같은 해외 국가에서도 진료센터 건립, 결핵 퇴치 사업, 보건의료 역량강화 사업 등 다양한 활동을 이어가고 있다. '사단법인 로즈클럽인터내셔널'을 주관하는 과가 기획조정실 국제교류담당관이라는 점도 단순히 국내에서만 사회문제를 해결하는 것이 아니라 해외에도 지부를 설립하여 광범위한 활동을 한다는 것을 보여준다. 이처럼 시민사회는 사회문제 해결 주체로서의 입지를 탄탄하게 다져가고 있다.

시민사회의 사업 영역을 살펴보기 위해 행정안전부의 시, 도 기준으로 등록된 2019년 1/4분기 기준, 총 1만 2,869개의 비영리민간단체에 관한 자료를 분석하였다. 「비영리민간단체 지원법」에 따르면, 시민사회의 자율적 활동과 공익 실현을 촉진시키기 위해 중앙정부나 지방정부로부터 다양한 행정적, 재정적 지원을 받을 수 있도록 규정하고 있고[27] 행정안전부에서는 그 현황을 매년 분기별로 공시하고 있다. 해당 자료에는 등록기관(시도), 등록번호, 단체명, 대표자, 소재지, 주된 사업, 등록일, 주관 조직에 대한 정보가 포함되어 있다. 그중, 각 시민사회가 어떤 사회문제를 해결하고 있는지 파악하기 위해 '주된 사업'의 내용을 활용했다. 예를 들면, '세종 생계복지회'라는 단체의 주된 사업은 이주민 복지향상, 불우이웃돕기 사업인데, 이에 대해 해당 사업과 가장 관련성이 높은 '취약계층 사회 안전망 부족'의 사회문제를 해결하고 있는 것으로 분석했다.

사회적 기업의 가치 추구와 활동

사회적 기업은 경제적 이윤을 추구하면서 다양한 사회적 목적을 실현하는 혼합 조직(hybrid organization)이다. 우리나라의 사회적 기업은 애초의 목적대로 고용 문제를 주로 해결하고 있다. 정부가 사회적 기업을 '일자리 창출'을 목적으로 인증하고, 지원해 왔기 때문이다. 하지만 실제 사회적 기업의 업종과 구체적인 사업들을 살펴보면 이들이 단순히 고용 문제만 해결하는 것이 아니라, 다양한 문제 해결을 위해 활발히 활동한다는 점을 알 수 있다.

예를 들어, 사회적 기업 '참조은다문화'는 일자리 제공형으로 인증받은 사회적 기업이다. 하지만 단순히 취약계층을 고용하는 일자리 문제만을 해결하고 있지 않다. 노인, 결혼 이민자, 다문화 가정 등 다양한 구성원들이 사회 내에서 당당히 자리 잡을 수 있도록 교육해 줌으로써 사회적 약자에 대한 차별 문제도 해결하고 있다. '사람이 만든 책보다 책이 만든 사람이 더 많다'라는 신념으로 어린이들에게 많은 책을 공급하는 사업도 추진하여 교육 불평등 문제에도 관심을 가진다.

또한, 청소 및 위생, 재활용품 수집 및 활용, 친환경 농축산물 등 환경 분야 사회적 기업의 80% 이상이 일자리 제공형에 속한다. 이들은 고령층, 저소득층, 장애인을 비롯한 취약계층을 고용하면서 동시에 환경 문제 해결을 위해 노력한다. 2010년 이후, 친환경 농산물, 산림복지전문업, 태양광 발전 및 시공 등 다양한 업종이 환경 분야 사회적 기업에 포함되고 있으며, 천연사업에 해당하는 사회적 기업의 71.4%가 2016년 이후에 인증받았다는 점은 최근 들어 환경 문제 해결에 있어 사회적 기업의 역할이 확대되고 있음을 보여준다.[28] 이러한 사회적 기업의 사업과 철학은 사람 중심의 포용경제 정착과 탈탄소사회로의 전환을 강조하는 그린뉴딜의 방향과도 연결된다.[29] 이제, 사회적 기업도 일자리 문제를 넘어, 다양한 사회문제를 해결하는 해결사로서의 역할이 좀 더 부각되고 있다.

사회적 기업의 문제 해결 영역을 살펴보기 위해 한국사회적기업진흥원에서 제공하는 2019년 9월 기준 2,462개 사회적 기업의 사업 내용, 인증유형, 업종 등이 포함된 자료를 분석하였다. 사회적 기업의 경우 기본적으로 취약계층 고용을 위해 힘쓰고 다양한 사업을 진행하기 때문에 단순 현황만으로는 파악이 다소 어렵다. 이에, 구체적인 사회문제 해결 파악이 어려운 경우 자율경영공시제도에 나온 사업 설명이나 사회적 기업 개요집에 나온 자료를 참고하여 최대한 분석의 정확성을 높이고자 하였다. 예를 들어, '쓰임업'이라는 사회적 기업은 의류 및 재활용품 업사이클링과 관련한 사업을 진행 중이다.[30] 이 경우, '자원낭비 심화 및 환경참여 인식 부족'의 사회문제를 해결하는 것으로 분류하였다.

자료의 타당도 및 신뢰도 확인

집합적 임팩트 생태계를 구축하는 가장 기본적인 전제조건은 여러 주체들이 공동의 아젠다를 가지는 것이며, 이 공동의 아젠다는 사회문제 해결이라고 할 수 있다. 따라서 무엇을 사회문제로 바라볼지에 대한 정의가 선행되어야 한다. 이를 위해 2020년 5월, 일반 국민 1,000명을 대상으로 사회적가치연구원과 트리플라잇이 공동으로 실시한 「CSES 사회문제 인식조사」에서 '2020 대한민국 사회문제'로 선정한 100대 이슈를 중심으로 사회문제를 정의했다. 100대 이슈는 2016년 사회적가치연구원(CSES)과 장용석 외(2018)가 공동 개발한 사회문제 분류 테마를 바탕으로 도출되었다.[31] 이는 국내외 주요 지표에 기반한 것으로 경제, 사회, 환경의 3대 영역별 목표에 따른 10대 사회문제로 구성되어 있다.[32]

2020 대한민국 사회문제 100대 이슈를 분류한 3대 목표와 10대 테마는 다음과 같다. 먼저, 3대 목표는 경제·사회·환경 세 가지 영역의 사회문제를 해결함으로써 달성할 수 있는 '공평하고 지속가능한 경제(economy), 안전하고 행복한 사회(society), 미래와 공존하는 환경(environment)'을 의미한다. 10대 테마는 경제, 사회, 환경 3대 목표에 속하는 사회문제를 보다 구체적으로 구분한 것이다. 경제 영역의 문제는 '소득(경제) 및 주거 불안', '고용 및 노동 불안정', 사회 영역의 문제는 '교육 불평등', '삶의 질 저하', '급격한 사회구조 변화', '사회통합 저해', '안전 위협', 환경 영역의 문제는 '환경오염과 기후변화', '자연재해', '에너지 및 자원 불균형'으로 구성된다.[7)8)] 이를 기준으로 미디어 키워드 빈도수 순위 분석을 통해 대한민국이

7) 우리가 살펴본 사회문제의 3대 목표와 10대 테마는 장용석 외(2018)의 분류 체계와 일부 차이가 있다. 10대 테마 중 '교육 불평등'의 경우 장용석 외(2018)에서는 경제 문제로 간주하였지만, 우리는 '사회' 영역에 포함시키는 것이 보다 적합한 것으로 판단하였다. 따라서 교육 불평등 문제를 해결함으로써 달성할 수 있는 목표는 3대 목표 중 '안전하고 행복한 사회'에 해당하는 것으로 보았다. 교육의 경우 소득에 따른 교육 격차가 발생하기 때문에 경제적 불평등과도 관련이 있다. 하지만 교육 자체로 보면, 기본적인 지식을 습득하기 위한 초중등 교육을 시작으로 추후 행복한 삶을 살기 위해 원하는 진로를 찾는 데 필요한 국민들의 기본적인 권리라고 할 수 있다. 교육 불평등 항목의 세부 지표인 기본적인 양질의 초중등 교육, 원하는 진로를 위한 교육, 학벌지상주의 해소 등 교육 문제 자체가 가진 특성은 경제 문제보다는 안전하고 행복한 사회를 위한 목표에 가깝다고 할 수 있다.

8) 『2019 사회공헌 백서: 대한민국 사회공헌 지형도』에서도 우리와 마찬가지로 10가지 범

주목하는 사회문제 100대 이슈를 최종적으로 도출하였다.

이와 더불어 「CSES 사회문제 인식조사」에서는 100개 이슈 중에서도 어떤 사회문제가 국민의 삶을 가장 어렵게 만들고 있는지 알아보기 위해 각 사회문제의 성격을 파악해 보았다. 국민에게 미치는 부정적인 영향력이 크고, 해결하기 어려운 문제일수록 더 많은 관심과 노력이 필요하다. 또한, 각 사회문제의 성격을 제대로 파악할 때 보다 효과적인 해결 전략을 모색할 수 있다. 이에, 「CSES 사회문제 인식조사」에서는 사회문제가 얼마나 국민들에게 부정적인 영향을 미치는가를 의미하는 '사회문제의 영향력'과 얼마나 해결하기 어려운가를 의미하는 '사회문제의 난이도'를 제시한다. 우리는 이를 활용하여 사회문제의 영향력과 난이도를 기준으로 30대 사회문제를 선정하였다. 영향력과 난이도의 높고 낮음에 따라 30대 사회문제를 네 가지 영역으로 분류한 사회문제 분석 프레임워크(Impact Issues Priority Matrix)를 제시하여 각 영역별 사회문제 해결 실태를 살펴보고 사회문제 영역별 전략, 각 주체별 전략, 협력 전략 등 집합적 임팩트 생태계 구축을 위한 기초 작업을 진행하였다. 30대 사회문제 선정 방법과 분석 프레임워크는 다음 장에서 자세히 소개하도록 한다.

30대 사회문제를 CSES 데이터에 기반하여 유형화한 이후, 각 주체별로 해결하고 있는 사회문제를 앞서 설명한 자료를 바탕으로 코딩하는 작업을 시작했다. 정부 예산, 기업의 사회공헌 프로그램, 시민사회 및 사회적 기업의 사업 내용들이 어떤 사회문제를 해결하는지 4명의 코더들이 매칭하는 작업을 진행했다. 내용 분석의 시작은 연구의 목적을 인식하고 분석에 적용될 코딩 규칙들을 명확히 하는 것에 있다. 이를 위해 CSES의 사회문제 분류 기준을 각 주체들의 사회문제 해결 노력을 범주화하는 가이

주의 대한민국 사회이슈 분류 체계를 제시하고 있다. 분류 체계는 국내외 기준 및 제도를 참고하였으며, 글로벌 기준에는 SDGs, ISO 26000, GRI G4, WEF Global Risk, 국내 기준에는 K-SDGs, 사회적가치연구원(CSES)의 사회문제 유형 분류, 사회적 가치 기본법이 활용되었다. 이후 전문가 자문과 종합 분석을 통해 분류가 진행되었다. 여기에서도 '교육 불평등'의 경우 '사회' 영역으로 분류하였다.

드라인으로 활용하여 분석의 타당성을 높였다.[33] 이후 각 주체들의 활동과 사회문제 영역이 제대로 매칭되었는지 확인하기 위해 코더 간 신뢰도(inter-coder reliability) 검사를 실시했다.[9)] 신뢰도는 반복 측정했을 때 높은 일관성을 유지하는 것을 의미하는데, 내용 분석할 때 코더의 주관적 의견이 작용할 수 있기 때문에 신뢰도 검증이 필요하다.[10)] 코더들 간의 코딩 일치도를 측정하여, 최소한 80%의 일치도를 보이면 신뢰도가 높은 것으로 간주한다.[34] 신뢰도 검증 결과, 4명의 코더 간 코딩 일치도가 80%를 넘어, 코딩 결과를 분석에 활용하는 것이 적절하다고 판단되었다. 이제, 본격적으로 집합적 임팩트 생태계를 위한 퍼즐을 맞춰가 보자.

[그림 1.3] 집합적 임팩트 생태계 구축을 위한 밑바탕

9) 학술연구 경험이 풍부한 4명의 숙련된 코더들이 정부, 기업, 시민사회, 사회적 기업 각 주체별로 코딩을 담당하였다. 1차로 각 주체별 코딩을 완료한 이후, 2차로 코더 간 신뢰도를 확인하기 위해 각 주체별 코딩 내용의 약 10%를 무작위 추출하여, 다른 주체의 코딩을 담당한 코더가 사회문제 해결을 분류해 보는 과정을 진행하였다. 그 결과, 정부의 코더 간 신뢰도는 0.9597(전체 2,282개의 사업 중 273개 코딩 결과, 262개 일치), 사회적 기업은 0.8419(전체 2,462개의 사업 중 253개 코딩 결과, 213개 일치), 시민사회는 0.8324(전체 1만 2,762개의 사업 중 1,287개 코딩 결과, 1,073개 일치)로 나타났다.

10) 기업의 경우 상대적으로 사회공헌 프로그램 수가 281개로 적고 그 내용도 구체적이어서 사회문제 분류도 어렵지 않았다. 따라서 기업 분석 내용은 신뢰도 검사에서 제외하였다.

2부

사회문제 새판 짜기

1. 사회문제, 어떻게 봐야 하나?
2. 우리가 주목한 사회문제는?
3. 사회문제, 어떻게 해결해야 할까?
   - A 영역(영향력 高 & 난이도 高): Act immediately(즉시 행동하라)
   - B 영역(영향력 高 & 난이도 低): Be ready(미리 준비하라)
   - C 영역(영향력 低 & 난이도 高): Cultivate carefully(지속적으로 살펴라)
   - D 영역(영향력 低 & 난이도 低): Design smart(영리하게 실험하라)

1. 사회문제, 어떻게 봐야 하나?

생태계는 자연환경과 환경의 영향을 받는 다양한 생물, 무생물적 요소들로 구성된 유기적인 집합체이다. 특별한 충격이나 변화가 없다면 생태계는 안정적으로 유지되며, 생태계 안의 구성요소들 역시 순리대로 생활을 이어나갈 수 있을 것이다. 그러나 환경은 언제나 역동적으로 변화하며, 환경의 변화는 생태계 내 생물들의 행동양식 또한 변화시킨다. 변화에 도태된 개체는 생존하기 어려우며, 안정적인 번식과 생존을 위해 생물들은 각자의 생존 방식을 학습해 가면서 변화된 환경에 적응하고 진화해 나간다. 이러한 과정을 수없이 반복하는 과정에서 생태계는 모든 구성요소가 안전하게 생활할 수 있는 터전으로 발돋움하게 된다.

우리가 살고 있는 사회 또한 마찬가지이다. 개인이나 조직을 비롯한 수많은 사회 내 행위자들은 각자의 생활양식을 바탕으로 삶을 영위하고, 다양한 부분에서 서로 상호작용한다. 이러한 균형을 통해 사회는 안정적으로 유지된다. 문제는 지금의 우리가 이전에 비해 훨씬 복잡하고 다양한 사회문제 속에서 살아가고 있다는 사실이다. 과거의 사회문제가 빈곤과 같은 비교적 한정된 영역에 집중되었다면, 현재는 삶의 질 저하, 불평등과 양극화, 환경오염 등 더 복잡하고 다각화된 사회문제에 직면하고 있다. 코로나19와 같은 외부의 충격은 우리 사회를 빠르게 변화시키면서 사회문제의 복잡성을 더 증폭시키는 기제이다. 보건·건강·의료의 문제가 경제·사회·국제관계 등 다양한 영역과 얽혀 우리 일상을 변화시키고 있으며, 우리 사회를 보다 역동적이고 동태적인 환경으로 탈바꿈시키고 있다. 이러한 사회변화 속에서 사회 내의 다양한 주체들도 새롭게 삶의 양식을 변화시키고 적응해 나가야 한다. 우리의 일상 속에 늘 위험이 존재한다는 점을 모두가 인지해야 하는 동시에, 개인은 물론, 정부, 기업 등 모든 주체들이 함께 협력하여 사회문제 해결을 모색함으로써 새로운 사회적 위험에 대응할 수 있는 생존방식을 모색해야 하는 것이다. 이러한 과정을 반복함으로써 변화된 환경에 발 빠르게 대응하는 동시에 보다 지속 가능하고 안정적인 사회의 구현, 즉, 집합적 임팩트의 창출을 기대할 수 있다.

이렇듯 복잡해지는 사회문제에 대응하고 그 효과적인 해결 방안을 모색하기 위해서는 집합적 임팩트 생태계의 관점이 필요하다. 앞서 설명했던 바와 같이 집합적 임팩트 생태계는 개별 사회문제에 대한 솔루션을 모색하는 과정을 넘어 거시적인 생태계 차원의 집합적 임팩트 창출을 목표로 하는 접근이라는 점에서 구별된다. 예컨대 우리가 플라스틱 용기의 사용으로 유발되는 환경오염 문제를 해결하고자 한다면, '플라스틱 용기의 사용'은 고정된 형태의 주어진(given) 문제이다. 그렇기에 우리는 이 문제를 '어떻게' 해결할지를 집중적으로 고민하면 된다. 그런데, '플라스틱 용기의 사용'과 '산림 황폐화', '물가 상승'이라는 서로 다른 문제를 동시에 해결해야 하는 경우를 생각해 보면 그 양상은 조금 달라진다. 여러 문제가 함께 존재한다면, 우리는 이 문제들의 속성을 살펴보고, 이들이 서로 어떤 영향을 미치고 있는지를 함께 고려해야 한다. 플라스틱 용기의 사용을 줄이기 위해 종이 용기를 활용하는 과정에서 벌목의 증가로 산림이 황폐화되거나, 대체 용기의 높은 가격으로 인해 상품의 원가가 상승하고 이것이 물가 상승으로 이어진다면, 문제 해결은 어려워진다. 나아가 어떤 문제의 해결을 더 우선순위에 두어야 할지, 각각의 문제를 해결하기 위한 복수의 방법들 중 어디에 더 중심을 둘 것인지에 대해서도 생각해 보아야 한다. 사회문제들이 복잡하게 얽혀 있을수록 이러한 고민도 커질 수밖에 없다.

우리가 직면한 사회문제들은 섬(island)처럼 고립되어 존재하기보다는, 밀접하게 연관되어 있는 경우가 많다. 경제적 문제는 불평등의 문제로, 불평등의 문제는 삶의 질의 문제로 연결되기 때문에 어느 하나의 문제만을 독립적으로 떼어놓고 생각하기 힘든 것이다. 그렇기에 우리는 수많은 문제들을 함께 고려하여 접근해야 한다. 문제의 해결 방식을 고안하기에 앞서 우리 사회에 어떠한 문제들이 존재하는지, 그 문제들이 보이는 양상은 무엇이며 이들이 어떻게 연관되어 있는지, 우선적으로 해결해야 할 문제들은 무엇이고 어떠한 접근이 필요한지를 사전적으로 파악해야 한다. 즉, 사회문제의 유형과 속성이 무엇인지에 대해 먼저 살펴볼 필요가 있는 것이다.

사회문제를 어느 한 가지로 정의하기는 어렵다. 일반적으로 우리는 사회문제를 우리 삶에 부정적인 영향을 미치는 존재로서 해결이 필요한 영역 정도로 정의한다. 사회 내에서 공유되는 사회문제에 대한 인식과 정의는 사회문제의 내용과 양상을 결정한다. 6·25 전쟁 이후로 경제적 빈곤을 벗어나기 위한 노력과 IMF 외환위기를 극복하기 위한 노력에서 볼 수 있듯이 과거 우리 시대의 사회문제는 주로 경제문제에 초점이 맞추어져 있었다. 그러나 급격한 경제 성장에 따른 각종 부작용을 겪으면서 문제의 성격이나 범위도 변화하고 있다. 과거, 경기침체로 타격을 받는 대상은 주로 취약계층이었지만, 이제는 중산층으로까지 확대되고 있다. 주거 문제와 고용 문제 역시, 정부의 계속된 정책적 노력에도 불구하고 다양한 형태로 변형되면서 중산층은 물론 청년층, 중장년층의 미래를 불안하게 만들고 있다.

경제 문제 외에도 삶의 질과 관련된 보건, 복지, 사회 안전망, 심리적 안정, 환경오염 등의 문제가 강조되는 것도 두드러진 변화 중 하나이다. 특히, 최근 전 세계가 주목하고 있는 기후변화, 자원고갈 등의 환경문제는 전 계층에 영향을 미칠 뿐 아니라, 미래 세대들에게 더 큰 위협이 될 것이라는 점에서 그 심각성이 크다.[1] 이렇듯, 사회문제는 시대별로, 상황별로 강조되는 내용과 사회 구성원이 느끼는 정도가 다르기 때문에 주관적인 특성을 갖는다. 그렇기에 국민들이 사회문제를 어떻게 인식하고 그 영향력에 대해 어느 정도 체감하는지 살펴보는 것이 더 중요하다. 어떤 사회문제는 소규모의 사람들에게만 영향을 미치는 반면, 사회 전체, 나아가 전 세계적으로 영향을 미치는 사회문제들도 존재한다. 이러한 사회문제의 영향력과 파급효과를 고려하면, 더 큰 영향력을 지닌 문제를 해결하는 데 더 높은 우선순위를 둘 필요가 있다.

각각의 사회문제들을 해결하는 데 필요한 노력의 크기도 각기 다르다. 짧은 시간 동안 비교적 적은 비용으로 해결이 가능한 문제도 있는 반면, 오랜 시간 동안 그 해결에 비용과 노력을 쏟음에도 쉽게 잡히지 않는 문제들도 많다. 해결이 어려운 문제일수록 더 많은 자원을 투입하고 관심을 가질 필요가 있다. 따라서 사회문제를 파악함에 있어서도 이들의 영향력과 난이도를 고려하는 것이 필요하며, 이는 곧 우리가 직면한 사회문제 해결의 시급성과 방향성을 찾는 데 중요한 열쇠가 될 수 있다. 이미 발생한 사회문제를 가만히 바라보며 정부와 같은 전통적인 해결 주체가 주도적으로 해결해 주길 기다리기엔 시간도 자원도 해결 방안도 부족하다. 우리가 주목하는 바는 사회문제의 돌연변이 같은 특성을 파악하여 어떠한 문제가 존재하는지 보다 정교하게 진단하고 최상의 처방을 내리는 것이다. 이를 위해 집합적 임팩트 생태계의 가장 기본적이면서도 중요한 요소인 사회문제를 영향력과 난이도 중심으로 해부하고자 한다.

2. 우리가 주목한 사회문제는?

사회문제를 정확히 진단하려면, 수많은 문제들 중 어떠한 문제를 사회문제라고 정의할 것인지 기준을 잡고 분류하는 과정을 거쳐야 한다. 이를 위해 사회적가치연구원과 트리플라잇의 '2020 한국인이 바라본 사회문제'에서 제시한 100대 사회문제를 활용하여 사회문제를 정의하였다. 사회적가치연구원(2020)에서는 '대한민국이 주목하는 사회이슈 100'을 선정하기 위해 장용석 외(2018)의 연구가 선정한 경제·사회·환경의 3대 목표와 10대 사회문제 테마를 활용했다. 또한, SDGs, Global Risk, GRI, 100대 국정과제 487개 실천과제, 한국의 사회지표 등 국내외 사회문제 관련 기준들을 통합 분석하여 153개 이슈 풀(pool)을 확정하고, 각 이슈별 검색 키워드 설정 및 미디어 빈도수 분석을 통해 최종 100개 이슈를 선정하였다.[2]

이렇게 선정된 100개 이슈를 중심으로 2020년 5월, 사회적가치연구원(CSES)과 트리플라잇은 국민 1,000명에게 '현재 당신의 삶을 가장 어렵게 만드는 사회문제'와 '10년 후 당신의 삶을 가장 어렵게 만들 거라 예상되는 사회문제'에 대한 설문조사를 실시하였다. 그 결과를 100점 만점으로 환산하여 '현재 영향력' 점수와 '미래 영향력' 점수를 도출했고, 사회적가치연구원(CSES)에서는 이 두 값의 차이를 사회문제 영향력 순위로 제시했다. 하지만, 이 방법을 그대로 활용할 경우, 실제 사람들이 체감하는 사회문제의 영향력이 큼에도 불구하고 분석상에서의 영향력은 낮게 나타날 수 있다.[1)]

1) 예를 들어, '소득 양극화 심화(부익부 빈익빈)' 문제의 경우, 현재 영향력 100점, 미래 영향력 100점인데, 두 값의 차이로 사회문제 영향력을 계산하는 사회적가치연구원의 방식에 따르면, 그 영향력이 0으로 나타난다.

따라서 본 연구에서는 그 한계를 보완하기 위해 현재와 미래의 중요성과 파급력을 모두 고려하여 현재 영향력과 미래 영향력 점수의 평균값을 계산했다.[2] 이를 순위별로 정리한 결과는 [표 2.1]과 같다.

[표 2.1] 2020 대한민국 사회문제 100대 이슈

순위	사회문제	순위	사회문제
1	소득 양극화 심화(부익부 빈익빈)	25	폭염·한파
2	노인 빈곤 심화 및 불안정한 노후생활	26	지역 간 문화격차 심화
3	집값 불안정(전셋값 폭등 등) 및 주거부담 증가	27	물 부족(식수공급 불균형 등)
4	노후 주거지 및 주거생활권 불안	28	감염병 확산 및 대응 체계 부족
5	플라스틱 사용 및 배출	29	취약계층 및 지역 교육 격차 심화
6	복지 수요에 비해 부족한 복지	30	부정부패 및 뇌물수수
7	미세먼지 증가 및 노인·어린이 등 민감계층 지원 대책 부족	31	태풍
8	성별/연령별 맞춤형 일자리 및 안전망 부족	32	저출산 문제
9	고령화 심화	33	노인 일자리 문제
10	투명하지 못한 정부 운영(정부 신뢰 하락)	34	개인정보 유출 및 사생활 침해 증가 (사이버 범죄 및 온라인 성범죄 증가 등)
11	일·생활 불균형(일·가정 양립 불가능, 높은 근로시간)	35	정서불안 및 자살 증가
12	교육비 부담(비싼 등록금 문제 등)	36	치매 증가 및 중증 치매 부담 증가
13	성범죄(성폭력 사건 등) 증가	37	자원낭비 심화 및 환경참여 인식 부족
14	가계부채 증가	38	교육 정책 문제(일관성 없는 정부 교육 정책)
15	학벌지상주의 및 학력/학벌 차별 관행	39	지나친 원자력 발전 의존
16	어려운 재취업	40	정부 재정 적자 확대(정부 재정 부실, 정부 부채)
17	의료비 부담 증가	41	수질·토지·육상 및 해양 오염 증가
18	북한 미사일/북핵 문제 및 남북관계 갈등	42	취약계층 사회 안전망 부족(취약계층 복지 부족)
19	청년 일자리 부족	43	비정규직 증가(비정규직 차별)
20	결혼/출산/양육 친화적인 사회시스템 부족	44	독신자 및 1인 가구 증가
21	세대/연령 간 갈등 및 격차 심화	45	4차 산업혁명 인재 육성 교육 부족

2) 영향력과 난이도의 값은 사회적가치연구원과 트리플라잇의 「2020 한국인이 바라본 사회문제」에 제시된 값을 그대로 활용하였다. 영향력과 난이도의 구체적인 도출 기준과 계산 방식은 「2020 한국인이 바라본 사회문제」의 자료를 참고하기 바란다.

22	경기침체 지속 및 금융산업 경쟁력 부족	46	대기오염 및 온실가스 증가
23	공교육 붕괴 및 사교육 심화	47	청년 및 신혼부부 주거 부담
24	이념·지역·정치적 갈등 심화	48	노인 우울증 및 소외 증가
49	대체 에너지 개발 기술 부족(친환경 미래 에너지 발굴 부족)	75	생물다양성 감소 및 생태계 파괴
50	여성 리더십 및 주요 직급 다양성 부족	76	가정폭력 증가
51	화학물질·유해폐기물 배출 및 환경 호르몬 노출	77	국가 연구 인력 및 자본 부족
52	만연한 특권과 편법	78	동식물 포획 및 유실·유기동물 안전 부족
53	가뭄·홍수 등으로 인한 황폐화된 토지 복원	79	석유 및 가스 등 지하자원 감소
54	학교폭력	80	어려운 창업(창업 혁신 부족)
55	산모 및 신생아 보호 부족(출생 관련 권리 보장 부족)	81	대기업 불공정 거래(갑질 기업) 및 지배구조 개선 필요(재벌 총수 전횡 등)
56	에너지 접근성 및 서비스 제공 불균형	82	폭설과 폭우
57	진로교육 및 직업교육 부족	83	원자력 발전에 따른 방사능 오염
58	씽크홀(땅 꺼짐 현상)	84	가뭄·홍수
59	재난 사고 및 대응 부족	85	안전사고 예방 및 대응 부족(사업장 안전 관리, 근로자 부상 문제 등)
60	보육 및 양육 지원 부족	86	도시 인구 증가 및 농가 이탈 현상 확대 (도농 불균형)
61	정리해고·부당해고·임금체불 증가	87	산림파괴(개발사업 등)로 인한 생태계 복원 및 유지관리 필요
62	구인난(인재확보 경쟁심화)	88	아동학대
63	(농어업) 재해 지원 및 대응 부족	89	취약계층 주거 부담(지원 부족)
64	기후변화 정책 및 대응 부족	90	(지속 가능한 경제 성장을 위한) 미래 기술 (R&D) 부족
65	교육 수혜 격차 심화(조기유학 증가 등)	91	직장 내 괴롭힘 및 감정노동 문제
66	에너지 비효율 및 절약 부족	92	저소득층 교통 접근성 취약 및 통신비 부담
67	환경친화적 산업활동 및 기술혁신 부족	93	양질의 초중등 교육 부족
68	남녀임금 격차 및 성차별	94	먹거리 불안 및 식량 생산 체계 부족
69	취약계층 소득 불안(서민 금융 지원 부족)	95	다문화 가정 등 외국인 편견 및 차별
70	물 순환 개선 및 재이용 부족	96	학교 밖 청소년(가출 청소년) 및 시설퇴소 아동 보호 부족
71	전력수급 불안정	97	장애인 등 사회적 약자 차별
72	지진과 쓰나미	98	심각한 게임중독 증가
73	이혼율 증가 등 가족해체 증가	99	화산폭발 및 대형산불
74	노사갈등 심화	100	산사태

주: 사회문제의 현재 및 미래 영향력 평균을 기준으로 선정

순위가 높을수록 국민들의 삶에 부정적인 영향을 미치는 '사회문제의 영향력'이 큼을 의미한다. 영향력이 가장 큰 사회문제는 '소득 양극화 심화'였고, 영향력이 가장 낮은 문제는 '산사태'였다. 비교적 영향력이 낮은 50위권 밖의 사회문제는 특정 사건을 계기로 이슈가 점화되는 종류의 것들이 대부분이었다. '화학물질·유해폐기물 배출 및 환경 호르몬 노출(51위)', '학교폭력(54위)', '씽크홀(땅 꺼짐 현상, 58위)', '지진과 쓰나미(72위)', '아동학대(88위)', '화산폭발 및 대형산불(99위)', '산사태(100위)' 등이 그 예이다. 반면, 영향력이 높은 사회문제에는 과거부터 우리 사회를 위협해 온 전통적인 사회문제와, 최근 들어 중요해진 새로운 사회문제들이 고루 섞여 있다. '소득 양극화 심화(1위)', '노인 빈곤 심화 및 불안정한 노후생활(2위)', '교육비 부담(12위)' 등이 전통적인 사회문제, '플라스틱 사용 및 배출(5위)', '미세먼지 증가 및 노인·어린이 등 민감계층 지원 대책 부족(7위)', '일·생활 불균형(일·가정 양립 불가능, 높은 근로시간, 11위) 등이 새로운 사회문제에 해당한다.

사회문제는 주관적이고 상대적인 특성을 갖기 때문에 특정 사건·사고의 발생이 사회문제 인식에 미치는 영향이 크다. 이러한 문제들은 상시 존재하는 것이 아닌, 특정 상황이 발생하면 '사회문제화' 될 가능성이 높기 때문에 영향력의 변동성이 매우 크다. 문제 해결을 위한 자원과 역량에 제한이 없다면, 이러한 문제들까지 포함하여 그 해결책을 모색하는 것이 필요하다. 하지만, 현실적으로 문제 해결에 필요한 자원과 역량에 제약이 있다. 따라서 100대 이슈 중에서 누구나 보편적으로 '사회문제'로 인지할 만한 이슈들에 집중하여 맞춤형 해결 전략을 모색하는 것이 중요하다. 이에, [표 2.1]에 제시된 100대 사회문제 중, 현재와 미래의 영향력 순위가 높은 상위 30개 사회문제를 중심으로 논의를 진행하고자 한다.[3] 이때, 국민들이 더욱 중요하게 생각하는 사회문제, 우리의 일상을 둘러싼 사회문제에 보다 집중할 수 있다. 우리가 주목한 30대 사회문제는 [표 2.2]와 같다.

---

3) 100대 사회문제에 대한 영향력과 난이도는 책 뒷부분에 수록된 [부록]에서 확인할 수 있다.

[표 2.2] 30대 사회문제

순위	사회문제	영향력	난이도
1	소득 양극화 심화(부익부 빈익빈)	100	65
2	노인 빈곤 심화 및 불안정한 노후생활	99	77
3	집값 불안정(전셋값 폭등 등) 및 주거부담 증가	96.5	14
4	노후 주거지 및 주거생활권 불안	94.5	58
5	플라스틱 사용 및 배출	93	51
6	복지 수요에 비해 부족한 복지	92	81
7	미세먼지 증가 및 노인·어린이 등 민감계층 지원 대책 부족	89.5	87
8	성별/연령별 맞춤형 일자리 및 안전망 부족	88.5	56
9	고령화 심화	88.5	20
10	투명하지 못한 정부 운영(정부 신뢰 하락)	88	47
11	일·생활 불균형(일·가정 양립 불가능, 높은 근로시간)	87.5	85
12	교육비 부담(비싼 등록금 문제 등)	87.5	31
13	성범죄(성폭력 사건 등) 증가	87	41
14	가계부채 증가	86.5	60
15	학벌지상주의 및 학력/학벌 차별 관행	84.5	43
16	어려운 재취업	84	57
17	의료비 부담 증가	84	36
18	북한 미사일/북핵 문제 및 남북관계 갈등	82	76
19	청년 일자리 부족	81	74
20	결혼/출산/양육 친화적인 사회시스템 부족	79.5	16
21	세대/연령 간 갈등 및 격차 심화	79.5	87
22	경기침체 지속 및 금융산업 경쟁력 부족	77.5	40
23	공교육 붕괴 및 사교육 심화	77	71
24	이념·지역·정치적 갈등 심화	77	51
25	폭염·한파	75.5	12
26	지역 간 문화격차 심화	74.5	64
27	물 부족(식수공급 불균형 등)	74	45
28	감염병 확산 및 대응 체계 부족	72.5	8
29	취약계층 및 지역 교육 격차 심화	72	72
30	부정부패 및 뇌물수수	70	66

주: 사회문제의 현재 및 미래 영향력 평균을 기준으로 선정

[표 2.2]에 제시된 30대 사회문제는 현재와 미래 영향력 점수의 평균값을 기준으로 도출한 것이다. 예컨대 A라는 사회문제의 현재 영향력이 90점, 미래 영향력이 96점이라면 종합적인 영향력은 93점이 된다. 영향력과 함께 문제 해결에 필요한 자원, 역량 등의 투입 수준을 가늠하기 위해 30대 사회문제의 '난이도'도 살펴보았다. 이는 OECD 국가 대비 우리나라의 수준이 낮을수록 문제 해결의 난이도가 높은 것으로 측정했다. OECD 국가와 우리나라의 수준을 비교하다 보니, 특정 문제에 대해 국민들이 실제 체감하는 정도와는 약간의 차이가 있을 수 있음은 유념할 필요가 있다.

사회문제의 난이도 역시, 100점 만점으로 점수를 환산했는데, 그 산출 방식은 다음과 같다. 사회적가치연구원(CSES)과 트리플라잇(triplelight)은 '2020 대한민국 사회문제'에서 선정한 100대 이슈 중 우리나라의 데이터가 공개되지 않은 경우를 제외한 94개 이슈의 OECD 주요국 대비 순위를 100점 만점으로 환산해 그 값을 도출했다. OECD, WEF, World Bank 등 국제기구의 최신 통계 데이터를 바탕으로 94개 이슈의 OECD 국가별 순위를 분석한 것으로 OECD 주요국 대비 우리나라의 수준이 낮을수록 사회문제의 난이도가 높다고 해석했다.

예를 들어, 30대 사회문제 중 '미세먼지 증가 및 노인·어린이 등 민감계층 지원 대책'의 난이도는 87점으로 가장 높다. 이 경우, OECD 국가들의 초미세먼지 노출량을 비교하여 문제 해결의 난이도를 파악할 수 있다. 2017년 기준으로 OECD 36개국의 초미세먼지 노출량을 비교한 결과, 우리나라는 최하위인 36위로 오염 수준이 가장 높았다. 핀란드의 미세먼지 노출량은 5.9㎍/㎡로 36개 국가 중 가장 적은 수준을 보였으며, 뉴질랜드·스웨덴·캐나다가 그 뒤를 이었다. 36개 OECD 국가들의 평균 미세먼지 노출량은 12.5㎍/㎡이었는데, 우리나라의 미세먼지 노출량은 이 수치의 2배에 달하는 25.1㎍/㎡로 나타나 36위를 차지한 것이다. 이처럼, OECD 국가들의 초미세먼지 노출량을 비교함으로써 우리나라에서 '미세먼지 증가 및 노인·어린이 등 민감계층 지원 대책'과 같은 문제 해결의 난이도가 매우 높다는 것을 알 수 있다. 특히, '미세먼지 증가 및 노인·어린이 등 민감계층 지원 대책'의 문제는 영향력과 난이도 모두 높은 편에 속한다. 이 외에도 '복지 수요에 비해 부족한 복지', '일·생활 불균형(일·가정 양립 불가능, 높은 근로시간)', '노인 빈곤 심화 및 불안정한 노후생활' 등이 영향력과 난이도 모두 높은 문제로 나타났는데, 이들은 공통적으로 우리 사회에 새롭게 등장한 사회문제에 속한다. 그러다 보니, 문제 해결 전략이나 해결 방식에 대한 충분한 합의, 고려가 부족하여 OECD 국가들에 비해 문제 해결 수준이 낮게 나타난 것으로 보인다.

[표 2.2]와 같이, 현재와 미래의 영향력이 높은 30대 사회문제를 중심으로 그 해결 난이도를 함께 살펴봄으로써, 각 사회문제들이 얼마나 심각한 수준인지, 그리고 자원 투입이 더 많이 이루어져야 할 문제들은 무엇인지 그 우선순위를 함께 파악할 수 있었다. 이는 개별 주체들의 사회문제 해결 현황 및 협력의 수준을 파악하기 위한 기초 작업으로서 매우 중요한 의미가 있다. 이제부터 사회문제 속성별로 어떻게 접근하는 것이 효과적인지 살펴보도록 한다.

3. 사회문제, 어떻게 해결해야 할까?

사회문제의 해결 방향을 모색하기 위해 사회문제의 영향력과 난이도, 이 두 가지 기준으로 사회문제 분석 프레임워크(Impact Issues Priority Matrix)를 [그림 2.1]과 같이 구성했다. 가로축은 사회문제 영향력을 나타내며, 국민들의 현재, 그리고 미래 삶에 부정적인 영향을 미치는 정도가 높을수록 그 값이 커진다. 세로축은 사회문제 해결의 난이도로 OECD 주요국 대비 우리나라의 수준이 낮을수록 문제 해결 역량이 부족함을 의미하므로 그 값이 커지는 것으로 해석할 수 있다.

영향력과 난이도를 기준으로 한 사회문제 분석 프레임워크는 네 가지 영역으로 구분된다.[4] A 영역은 영향력과 난이도가 모두 높은, 시급히 해결되어야 할 문제들로 구성된다. B 영역은 영향력은 높지만 난이도가 낮은 문제, C 영역은 영향력은 낮지만 난이도가 높은 문제들로 자칫 놓치기 쉬운 사회문제 사각지대에 속한다. D 영역은 영향력과 난이도가 모두 낮은 사회문제 유형이다. 이러한 사회문제 분석 프레임워크를 통해 사회문제 해결의 우선순위를 파악하여 선택과 집중이 필요한 사회문제 영역을 발굴할 수 있다. 이는 문제 해결에 투입되는 자원의 효율성을 높이고, 각 주체들

4) 30대 사회문제의 영향력은 최저 70점(부정부패 및 뇌물수수)부터 최고 100점(소득 양극화 심화)까지 분포한다. 30대 사회문제의 영향력 중 중간값에 해당하는 '학벌지상주의 및 학력/학벌 차별 관행'의 84.5점을 기준으로 84.5점 이상이면 영향력 '고(高)', 미만이면 영향력 '저(低)'로 분류하였다. 난이도의 경우 100점 만점에서 중간에 해당하는 50점을 기준으로 50점 이상이면 난이도 高, 미만이면 난이도 低로 분류하였다.

[그림 2.1] 사회문제 분석 프레임워크(Impact Issues Priority Matrix)

문제 해결 난이도		
	C (영향력 低, 난이도 高) Cultivate carefully (지속적으로 살펴라)	**A** (영향력 高, 난이도 高) Act immediately (즉시 행동하라)
	D (영향력 低, 난이도 低) Design smart (영리하게 실험하라)	**B** (영향력 高, 난이도 低) Be ready (미리 준비하라)
	사회문제 영향력	

의 역량을 결집시키기 위한 전략을 마련하는 데 중요한 역할을 한다.

우리 사회에 중요한 영향을 미치는 30대 사회문제를 네 가지 영역으로 구분해 보면, 문제 해결의 난이도가 높은 A 영역과 C 영역에 가장 많은 9개의 사회문제가 각각 포함되어 있었다. 30대 사회문제 중 절반 이상의 사회문제가 OECD 주요 국가들에 비해 우리나라의 문제 해결 수준이 다소 낮아, 문제 해결 역량을 더 키워야 함을 알 수 있다.

경제, 사회, 환경의 3대 목표를 기준으로 30대 사회문제를 살펴보자. 30대 사회문제 중에서 '사회' 영역에 해당하는 문제가 과반수에 해당하는 18개를 차지하고 있었다. '경제'나 '환경' 영역은 그 특성이나 성격이 분명

[표 2.3] 30대 사회문제의 영역별 분류 현황

사회문제 영역	개수	비율
A(영향력 高, 난이도 高)	9	30%
B(영향력 高, 난이도 低)	6	20%
C(영향력 低, 난이도 高)	9	30%
D(영향력 低, 난이도 低)	6	20%
총계	30	100%

[표 2.4] 30대 사회문제의 3대 목표별 분류 현황

3대 목표	개수	비율
경제	8	26.7%
사회	18	60%
환경	4	13.3%
총계	30	100%

하기 때문에 사회문제 범위와 수가 비교적 제한적인 반면, '사회' 영역[5]은 보다 광범위하고 다차원적인 문제들로 구성되어 있다. 따라서 '사회' 영역에 속하는 사회문제 비중이 다른 영역에 비해 높은 것으로 보인다. '경제' 영역에 포함된 사회문제는 8개로 26.7%의 비중을 보였으며, '환경' 영역에 속하는 사회문제 비중은 13.3%로 가장 낮았다.

30대 사회문제를 3대 목표에 따른 10대 사회문제 테마별로 재분류해 보자. 경제 영역 중 '고용 및 노동 불안정'과 '소득(경제) 및 주거 불안'에는 각각 4개의 사회문제가 포함됐다. 사회 영역 중 '교육 불평등', '급격한 사회구조 변화', '사회통합 저해'에는 4개의 사회문제가, '삶의 질 저하', '안전 위협'에는 3개의 사회문제가 각각 포함돼 있었다. 환경 영역 중 '에너지 및 자원의 불균형', '자연재해'에 각각 1개, '환경오염 및 기후변화'에 2개의 사회문제가 포함됐다. 10대 테마별로 구분했을 때, 각 테마에 속하는 사회문제 비중이 큰 차이를 보이고 있지 않아, 30대 사회문제의 속성과 종류가 매우 다양함을 확인할 수 있다. 이는 어느 한 주체가 주도적으로 문제를 해결하는 전통적인 방법을 넘어, 창의적이고 다각적인 문제 해결 전략이 요구됨을 의미한다.

지금까지 사회문제 분석 프레임워크를 통해 30대 사회문제의 대표적인 특성을 살펴보았다. 이 과정을 통해 어떤 사회문제에 보다 더 많은 자원과

5) 10대 테마별로 분류했을 때, '사회' 영역에 속하는 사회문제 테마는 '교육 불평등', '급격한 사회구조 변화', '사회통합 저해', '삶의 질 저하', '안전 위협' 등으로 경제, 환경 영역에 비해 가장 많은 내용이 포함되어 있다.

[표 2.5] 30대 사회문제의 10대 테마별 분류 현황

10대 테마별 분류		개수	비율
경제	고용 및 노동 불안정	4	13.3%
	소득(경제) 및 주거 불안	4	13.3%
	소계	8	26.7%
사회	교육 불평등	4	13.3%
	급격한 사회구조 변화	4	13.3%
	사회통합 저해	4	13.3%
	삶의 질 저하	3	10%
	안전 위협	3	10%
	소계	18	60%
환경	에너지 및 자원 불균형	1	3.3%
	자연재해	1	3.3%
	환경오염 및 기후변화	2	6.6%
	소계	4	13.3%
총계		30	100%

역량이 집중되어야 하는지 파악할 수 있었다. 영향력과 난이도가 높은 A 영역에 특히, 많은 자원과 역량의 집중이 필요하며, 향후, 정부, 기업, 시민사회, 사회적 기업 간의 협력도 적극적으로 이뤄져야 함을 알 수 있다. 물론, 영향력 혹은 난이도가 낮은 문제에 집중하지 말라는 의미는 아니다. 영향력이나 난이도가 낮은 영역에 대해서도 지속적으로 관심을 가지고, 다양한 실험을 통해 문제를 해결할 수 있는 방법을 개발해야 한다. '교육비 부담', '학벌 지상주의', '부정부패 및 뇌물수수', '경기침체 지속 및 금융산업 경쟁력 부족' 등의 문제가 영향력이나 난이도가 낮은 것으로 확인되었지만, 이들은 우리 사회를 꾸준히 위협해 온 문제들이면서도 우리 사회의 시스템 전반이 바뀌어야 할 문제들이다. 그렇기 때문에 장기적인 관점을 가지고 고질적인 문제에서 벗어나기 위한 창의적인 방법의 모색이 필요하다. 이는 문제 해결에 투입되는 자원의 효율성을 높일 뿐 아니라, 문제 해결의 효과성을 제고할 수 있는 중요한 전략이다. 따라서 문제 영역의

[그림 2.2] 30대 사회문제 매핑(mapping)

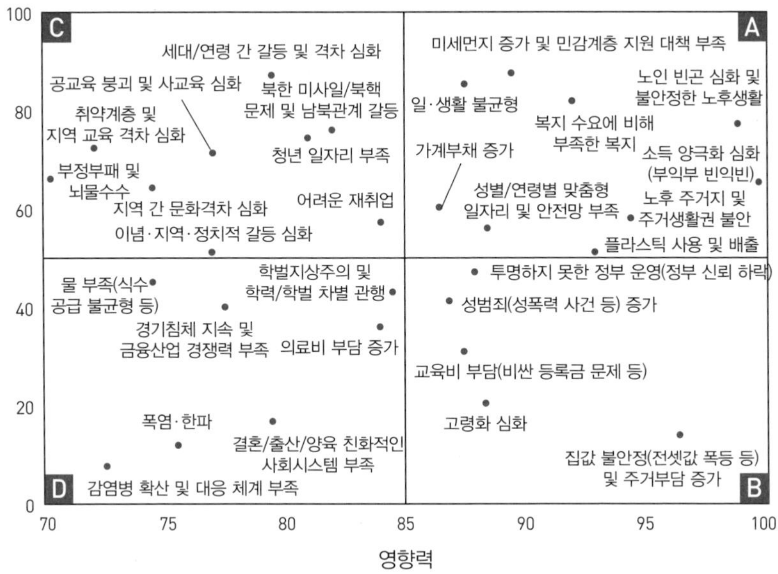

속성에 따라 다른 접근 방식이 요구된다.

그럼, 이제부터 영향력과 난이도를 기준으로 30대 사회문제를 해결하기 위한 최적의 전략을 살펴보자.

A 영역(영향력 高 & 난이도 高): Act immediately(즉시 행동하라)

우리 사회에서 가장 심각한 사회문제로 어떤 것들이 있을까? 국민들의 삶에 미치는 부정적 영향력이 매우 크면서도 문제 해결 역량이 갖춰지지 않아, 그 해결이 쉽지 않은 문제들일 것이다. 영향력과 난이도가 높은 A 영역이 바로 여기에 해당하며, 국민들이 실질적으로 체감하는 정도가 높은 문제들이다 보니, 문제 해결이 가장 시급한 영역이기도 하다.

구체적으로 살펴보면, '소득 양극화(부익부 빈익빈)', '노인 빈곤 심화 및 불안정한 노후생활', '노후 주거지 및 주거생활권 불안', '플라스틱 사용

[표 2.6] A 영역 사회문제

영역	테마	사회문제	영향력	난이도
A	경제	소득 양극화 심화(부익부 빈익빈)	100	65
	사회	노인 빈곤 심화 및 불안정한 노후생활	99	77
	사회	노후 주거지 및 주거생활권 불안	94.5	58
	환경	플라스틱 사용 및 배출	93	51
	사회	복지 수요에 비해 부족한 복지	92	81
	환경	미세먼지 증가 및 노인·어린이 등 민감계층 지원 대책 부족	89.5	87
	경제	성별/연령별 맞춤형 일자리 및 안전망 부족	88.5	56
	경제	일·생활 불균형(일·가정 양립 불가능, 높은 근로시간)	87.5	85
	경제	가계부채 증가	86.5	60

주: 각 사회문제는 영향력 순서대로 나열

및 배출', '복지 수요에 비해 부족한 복지' 순으로 문제의 영향력이 높은 것으로 나타났다. OECD 국가 대비 우리나라의 문제 해결 수준을 점수로 환산한 난이도의 경우, '미세먼지 증가 및 노인·어린이 등 민감계층 지원 대책 부족' 문제에서 우리나라는 36개국 중에서 최하위인 36위를 차지해 가장 높은 87점을 기록했다. '일·생활 불균형' 문제의 경우, 35개국 중 우리나라가 34위를 차지해 85점의 난이도를 보였으며, 그다음으로 난이도가 높은 문제는 81점을 차지한 '복지 수요에 비해 부족한 복지' 문제였다. 특히, '복지 수요에 비해 부족한 복지' 문제는 난이도와 영향력 모두 높은 영역에 속하기 때문에 문제 해결을 위해 각 주체들의 역량이 가장 우선적으로 집중될 필요가 있다.

A 영역의 또 다른 특징은 최근에 이슈가 되고 있는 사회문제들이 다양하게 포진되어 있다는 사실이다. '미세먼지나 플라스틱' 문제, '일·생활 불균형' 문제, '성별 맞춤형 일자리 부족' 문제 등이 그 예이다. 특히, 미세먼지, 플라스틱의 문제는 최근 탄소 배출 등 기후변화 문제와 맞물려 중요한 글로벌 아젠다로 급부상하고 있다. EU는 물론, 미국 바이든(Joe Biden) 정부에서 탈탄소 정책 및 규제를 선도하고 있고, 우리나라도 이에 영향을 받

아 '2050 탄소 중립'을 선언했다. 정부는 「2050 탄소중립 추진전략」을 마련하고 경제구조의 저탄소화, 신유망 저탄소산업 생태계 조성, 탄소중립 사회로의 공정전환, 탄소중립 제도적 기반 강화라는 4가지 목표를 바탕으로 탄소중립·경제성장·삶의 질 향상을 달성하기 위한 정책적 노력을 시작했다. 더불어, 최근 EU는 2026년부터 탄소국경세를 도입하겠다고 밝혀, 철강, 시멘트, 화학비료, 알루미늄 등을 EU에 수출하는 기업들은 상당한 타격을 받을 것으로 예상된다. 대외경제정책연구원이 최근에 발간한 자료에 따르면, 우리나라가 납부해야 할 탄소국경세가 연간 약 10억 6,100만 달러(약 1조 2,200억 원)에 달할 것이라고 예상했다.[3] 이러한 국제 정세에 따라, 우리나라 정부는 물론, 기업들도 탄소 배출 저감을 위한 다양한 노력들을 기울이고 있다. 2021년, SK의 6개 계열사가 우리나라에서 처음으로 RE 100에 가입하여 2050년까지 사용전력의 100%를 재생에너지로 전환하기로 선언하는 등 친환경 에너지 사업에 본격적으로 참여하고 있다.

이렇듯 문제의 영향력과 난이도가 모두 높은 A 영역의 사회문제는 그 해결의 시급성이 높은 만큼 정부, 기업, 시민사회, 사회적 기업 등 사회 전반의 모든 주체들이 즉시행동(Act immediately)에 나서야 할 문제들이다. 또한, 사회문제 해결 주체들이 각각 보유한 자원을 따로 동원하고 자신의 역량을 따로 발휘하는 것이 아니라, 모든 주체들의 협력과 자원 및 역량의 집중이 요구된다는 점에서 그 특징을 달리한다고 볼 수 있다. 즉, 사회 전반의 집중적인 해결 노력이 투입되어야 하는 것이다.

B 영역(영향력 高 & 난이도 低): Be ready(미리 준비하라)

"가랑비에 옷 젖는 줄 모른다."라는 말이 있다. 대수롭지 않은 것들이라도 자꾸 거듭되면 무시하지 못할 것이 된다는 옛 속담이다. B 영역의 사회문제는 영향력은 높지만 난이도가 낮은 문제들로, 문제가 지닌 중요성에 비해 그 심각성은 크지 않은 문제들로 구성되어 있다. 다른 문제들에 비해

[표 2.7] B 영역 사회문제

영역	테마	사회문제	영향력	난이도
B	경제	집값 불안정(전셋값 폭등 등) 및 주거부담 증가	96.5	14
	사회	고령화 심화	88.5	20
	사회	투명하지 못한 정부 운영(정부 신뢰 하락)	88	47
	사회	교육비 부담(비싼 등록금 문제 등)	87.5	31
	사회	성범죄(성폭력 사건 등) 증가	87	41
	사회	학벌지상주의 및 학력/학벌 차별 관행	84.5	43

주: 각 사회문제는 영향력 순서대로 나열

선진국 상황과 비교하여 상대적으로 그 해결이 크게 어렵지는 않은 문제들에 해당되지만, 우리 삶에 미치는 부정적 영향력이 크기 때문에 향후 심각한 사회문제로 부상할 가능성이 있다. B 영역에 속한 문제들을 살펴보면, '경제' 영역의 문제보다는 주로 '사회' 영역의 문제들로 구성되어 있음을 알 수 있다. '경제' 영역의 문제로는 '집값 불안정(전셋값 폭등 등) 및 주거부담 증가'가 포함된 반면, '사회' 영역의 문제들은 '고령화 심화', '투명하지 못한 정부 운영(정부 신뢰 하락)', '교육비 부담(비싼 등록금 문제 등)', '성범죄(성폭력 사건 등) 증가', 그리고 '학벌지상주의 및 학력/학벌 차별 관행'의 순으로 영향력이 높게 나타나는 것을 확인할 수 있다.

B 영역의 문제들은 국민들이 현재 그리고 미래에 중요하다고 인식하는 문제들을 포함하고 있음에도 OECD 국가 대비 우리나라의 문제 심각성이 크지 않은 편이다. 그렇기에 자칫 잘못하면 이를 놓칠 수 있다는 점에서 중요하다. '투명하지 못한 정부 운영(정부 신뢰 하락)' 문제를 생각해 보자. 2021년 OECD의 *Government at a Glance 2021*에 따르면 우리나라는 정부 신뢰도 조사에서 전체 37개국 중 20위를 차지하였으며, 2017년 이후 연속 상승세를 유지하고 있다. 다른 나라에 비해서는 정부 신뢰 하락의 심각성이 상대적으로 두드러지지 않는다는 의미이다. 그러나 우리나라의 정부 신뢰도는 45%이기 때문에 나머지 55%는 정부를 신뢰하지 않는다고 해석할 수 있다. 정부에 대한 불신도 상당하다는 뜻이다. 정부 신뢰의 하락

은 정치와 정책에 대한 시민의 관심과 이해를 저하시키고, 이들의 사회 참여를 낮춤으로써 정부와 시민 간의 갈등을 야기하는 등 사회의 결속을 저해하는 부정적 효과도 무시할 수 없다. 이에, 한 사회의 운영에 있어 정부 운영의 투명성 및 신뢰 확보는 매우 중요한 문제이다. 따라서 B 영역의 문제들은 상대적으로 낮은 난이도로 인해 문제를 간과하기 쉬우나, 문제가 지닌 중요성과 파급효과를 고려할 때 선제적으로 대응하는 것이 요구된다고 볼 수 있다.

B 영역의 문제가 지니는 또 다른 특징은 우리 사회의 특수한 맥락과 상황을 반영하고 있어 보다 까다로운 해결이 요구되는 문제들이 많다는 점이다. 이를테면 교육과 관련된 문제들이 대표적이다. '교육비 부담', '학벌지상주의 및 학력/학벌 차별 관행' 문제는 그간 우리나라에서 지속적으로 제기된 주요 사회문제이다. 이 문제들이 난이도가 낮은 문제로 분류된 건 OECD 국가들에 비해 상대적으로 우리나라에서 심각성이 낮기 때문이다. 「OECD 교육지표 2020」에 따르면, 우리나라는 국내총생산(GDP)의 5%를 공교육비에 투자하고 있으며, 초등학교부터 대학까지의 전 단계에 걸쳐 투입되는 민간 재원 비율도 OECD 평균보다 높은 수준을 나타내고 있다. SK의 고등교육재단을 비롯하여 삼성의 드림클래스 등 기업들은 장학재단 운영과 사회공헌 프로그램을 활용하여 교육비 부담 완화를 위한 사업을 진행하고 있으며, 정부도 2021년부터 초등·중학교에 이어 고등학교까지 전면 무상교육을 확대 실시하고 있다. 다수의 시민사회는 학벌지상주의로 인해 발생할 수 있는 문제들에 대해 끊임없이 의견을 제기하거나 대안학교를 운영하고, 사회적 기업은 취약계층을 중심으로 방과 후 교육 등과 같은 맞춤형 교육 프로그램을 실시하는 등 다양한 노력을 기울이고 있다. 그럼에도 불구하고 사교육에 대한 관심이 높은 우리나라에서 교육비 부담의 문제는 지속적으로 제기되어 왔으며, 이와 함께 학벌지상주의의 병폐가 사회 전체적으로 큰 이슈가 된 것은 비단 오늘날의 일만은 아니다. 이러한 우리나라만의 특수한 맥락이 반영된 사회문제들은 그 해결이

더 까다롭고, 잠재적으로 더 큰 부정적 영향력을 발휘할 수 있다는 점에서 중요하다.

결국 B 영역의 사회문제들은 난이도가 낮아 자칫 놓치기 쉬운 문제들이지만, 이들이 지닌 잠재적 영향력과 함께 우리 사회에 대한 특수한 파급효과를 고려할 때 보다 선제적으로 대응해야 할 필요성이 제기된다. 즉, 방심하지 않고 미래에 더 큰 사회문제로 다가오기 전에 미리 준비하는(Be ready) 자세가 필요하다.

C 영역(영향력 低 & 난이도 高): Cultivate carefully(지속적으로 살펴라)

심각한 사회문제라 할지라도 당장 우리 삶에 미치는 영향이 크지 않다면 많은 사람들이 관심을 갖기는 쉽지 않다. 만약, 문제 해결도 어렵다면, 당장 문제를 해결하기보다는 다른 시급한 사회문제에 우선순위가 밀려 계속해서 해결되지 않는 '난제'로 남을 가능성이 높다. C 영역의 사회문제가 바로 이에 해당한다. 우리 삶에 미치는 부정적 영향력은 다른 문제들에 비해 상대적으로 크지 않지만, 문제 해결의 난이도가 높아 그 해결에 많은 어려움을 겪는 문제들로 구성되어 있다. '경제' 영역의 문제로는 '어려운

[표 2.8] C 영역 사회문제

영역	테마	사회문제	영향력	난이도
C	경제	어려운 재취업	84	57
	사회	북한 미사일/북핵 문제 및 남북관계 갈등	82	76
	경제	청년 일자리 부족	81	74
	사회	세대/연령 간 갈등 및 격차 심화	79.5	87
	사회	공교육 붕괴 및 사교육 심화	77	71
	사회	이념·지역·정치적 갈등 심화	77	51
	사회	지역 간 문화격차 심화	74.5	64
	사회	취약계층 및 지역 교육 격차 심화	72	72
	사회	부정부패 및 뇌물수수	70	66

주: 각 사회문제는 영향력 순서대로 나열

재취업'이나 '청년 일자리 부족' 문제가 해당되며, '사회' 영역의 문제에는 '북한 미사일/북핵 문제 및 남북 갈등', '세대/연령 간 갈등 및 격차 심화', '공교육 붕괴 및 사교육 심화', '이념·지역·정치적 갈등 심화', '지역 간 문화격차 심화', '취약계층 및 지역 교육 격차 심화', '부정부패 및 뇌물수수'와 같은 사회문제들이 포함된다.

대표적으로 '북한 미사일/북핵 문제 및 남북 갈등'에 대해 생각해보자. 북한 미사일과 북핵 문제는 국가 안보와 연결되는 국제적·정치적 차원의 중요 이슈이며, 장기적 관점에서 상당한 노력이 필요하다는 것은 누구나 인정하는 사실일 것이다. 정부 또한 이를 해결하기 위해 다양한 정책적 노력을 기울임에도 불구하고 그에 대한 사람들의 인식과 지지는 크지 않은 편이다. 실제 우리나라 국민들 중 약 1/3에 해당하는 29%의 사람들만이 북핵 문제가 긴급하고 중요하다고 인식하고 있었다.[4] 또한, 2020년의 「서울시민 남북교류협력 의식조사」에 따르면, 남북교류협력 사업에 대해 잘 모른다고 응답한 사람들은 전체의 59.6%, 사업에 대해 관심이 없다고 응답한 사람들이 전체의 58.9%를 차지하고 있었다.[5] 문제 해결의 난이도가 높음에도 불구하고, 일상생활에서의 위협과 영향력이 크지 않기에 이를 중요하다고 인식하지 못하는 것이다. 문제 해결을 위해 전방위적 역량과 노력을 집중하는 것이 필요함에도, 그에 대한 관심이나 노력은 상당히 낮게 나타날 수밖에 없다. 이런 점에서 볼 때, C 영역의 사회문제에 대해서는 당장의 중요성이나 시급성이 낮지만 문제 해결의 난이도가 높아 이를 회피하거나 방치하기보다는 장기적 관점에서 문제 해결을 위해 다각적인 관심과 지속적인 고민이 요구된다.

또한, C 영역의 문제들은 장기적으로 볼 때, 사회적 갈등과 긴장을 유발하고 사회통합을 어렵게 할 수 있는 위험을 내포하고 있다는 점에서 주의 깊게 살펴볼 필요가 있다. '청년 일자리 부족', '세대/연령 간 갈등 및 격차 심화'는 세대와 연령 간의 갈등을 초래할 수 있으며, '어려운 재취업', '지역 간 문화격차 심화'와 '이념·지역·정치적 갈등 심화', '취약계층 및 지역 교육 격차 심화'와 '공교육 붕괴 및 사교육 심화'의 문제는 지역 간, 그리고 계층 간 갈등을 유발하고 사회적 혼란을 초래할 수 있다. 마찬가지로 북핵 문제는 남북 갈등을, 부정부패와 뇌물수수는 사회 전체적 갈등을 초래할 수 있다. 중요하지만 상대적으로 관심을 갖지 않기에 문제가 만성화될 수 있고, 문제가 계속 누적될 경우, 심각한 사회갈등으로 이어질 수 있는 것이다.

C 영역의 사회문제는 이처럼 영향력은 낮지만 해결이 어려우므로 경각심을 가지고 문제에 꾸준히 관심을 갖는 동시에, 장기적 관점에서 문제 해결을 위한 더 나은 대안을 지속적으로 모색해 나가는 노력이 필요하다. 주의 깊게 문제의 본질을 이해하고 해답을 다각적으로 찾아가는 노력(Cultivate carefully)만이, 문제 해결을 위한 지름길이 될 수 있다.

D 영역(영향력 低 & 난이도 低): Design smart(영리하게 실험하라)

지금까지는 우리 삶에 미치는 중요성과 파급효과가 크거나 혹은 문제의 난이도가 높아 해결에 어려움을 겪을 수 있는 다양한 문제들을 살펴보았다. 하지만 우리 사회에는 국민들의 삶에 있어 체감도와 중요성이 낮은 동시에 그 해결도 크게 어렵지 않은 사회문제들도 존재한다. D 영역의 사회문제들이 바로 그것이다. D 영역의 문제는 국민들에게 미치는 부정적 영

[표 2.9] D 영역 사회문제

영역	테마	사회문제	영향력	난이도
D	사회	의료비 부담 증가	84	36
	사회	결혼/출산/양육 친화적인 사회시스템 부족	79.5	16
	경제	경기침체 지속 및 금융산업 경쟁력 부족	77.5	40
	환경	폭염·한파	75.5	12
	환경	물 부족(식수공급 불균형 등)	74	45
	사회	감염병 확산 및 대응 체계 부족	72.5	8

주: 각 사회문제는 영향력 순서대로 나열

향력과 문제 해결 난이도가 모두 낮은 사회문제들로, '의료비 부담 증가', '결혼/출산/양육 친화적인 사회시스템 부족', '경기침체 지속 및 금융산업 경쟁력 부족', '폭염·한파', '물 부족(식수공급 불균형 등)', '감염병 확산 및 대응 체계 부족'과 같은 사회문제들로 구성되어 있다.[6)]

물론 영향력과 난이도가 모두 낮다고 해서 우리 삶에 있어 중요하지 않은 사회문제라는 것은 아니다. 그럼에도 D 영역에 속한 사회문제는 다른 영역의 사회문제에 비해 상대적으로 영향력이 낮고 해결이 크게 어렵지 않다고 인식되는 문제라는 점에서 사회문제 해결에 대한 전망이 비교적 밝은 편이다. 예컨대 '의료비 부담 증가' 문제의 경우, 우리나라는 비교적 잘 갖추어진 의료보험 체계로 인해 취약계층이 적절한 혜택을 받고 있다. OECD 회원국을 기준으로 보아도 전 국민이 의료보험 혜택을 받는 국가는 우리나라를 포함해 18개 국가에 불과하다.[6] 이는 정부 주도 방식으로 의료비 부담 문제를 효과적으로 해결하고 있어, 의료비에 따른 부정적 영향력도 낮은 것이라 해석할 수 있다.

최근에는 폭염 문제를 해결하기 위해 각 주체들이 보유한 역량을 활용하여 신속히 문제를 해결하면서 창의적인 방법도 시도하고 있다. 서울시는 동주민센터 등 관공서를 무더위쉼터로 시민들에게 개방하고 있으며 폭염, 전염병에 있어 가장 취약한 계층인 거리 노숙인과 쪽방촌 주민들을 위해 해당 주민들이 많이 거주하는 지역의 공공기관에서도 무더위쉼터를 운영하고 있다. 또한, 어르신들의 자택에 사물인터넷(IoT) 기기를 설치하여 실내 온도가 35도 이상이면 생활관리사가 신속하게 방문할 수 있는 새로운 돌봄 체계를 구축하고 있다.[7]

폭염문제 해결은 정부뿐만 아니라 시민사회에서도 나타난다. 비영리재

---

6) '감염병 확산 및 대응체계 부족'의 사회문제가 그 영향력과 난이도가 낮게 나타난 것은 우리가 활용한 국민 대상 설문조사가 코로나19 감염병이 발생한 초창기에 진행되었기 때문이라고 생각할 수 있다. 생각건대 현시점에서는 국민들이 느끼는 영향력과 난이도가 훨씬 더 높게 나타날 가능성이 크다.

단 아름다운가게는 고령자, 야외근로자 등의 기후위기 취약계층을 돕기 위해 햇빛 차단 모자, 휴대용 선풍기 등의 물품을 지원하는 '안전하게 여름나기, 아름다운나눔보따리' 사업을 진행하고 있다. 이와 더불어, 교육, 상담, 미술 프로그램을 병행함으로써 그들의 심리를 안정시키는 역할도 하고 있다.[8] 이는 폭염, 가뭄, 홍수, 태풍, 한파와 같은 기후변화에 빈번하게 노출되거나 기후변화로 사회적·경제적 피해를 입게 될 취약계층을 적극적으로 발굴하고 기후위기로부터 파생될 수 있는 사회·경제 문제를 대비한다고 볼 수 있다.

이처럼 D 영역의 사회문제는 모든 주체의 역량과 노력을 집중하여 해결하기보다는 사회 곳곳의 자발적인 노력을 통해 '작지만 의미 있는 변화'를 이끌어내는 것이 더 효과적이다. 다른 영역에 비해 관심이 적고 해결 역시 상대적으로 어렵지 않으므로 각 주체는 보다 다양한 실험과 창의적인 시도를 통해 사회문제 해결 방식을 모색해야 한다. 특히, 개인을 비롯한 시민사회 주체들의 자율성과 참여 정신을 적극적으로 활용하여 영리하게 실험(Design smart)하고, 정부와 기업은 풍부한 자원을 바탕으로 다른 주체들의 실험을 지원하고 장기적인 모니터링을 주도하는 방식의 대비가 필요하다.

한 가지 간과하지 말아야 할 것은 D 영역 역시 미래 사회에 부정적 영향력을 미칠 수 있는 잠재적 가능성이 큰 문제들로 구성되어 있다는 점이다. 물 부족(식수공급 불균형 등)과 같은 사회문제는 우리나라에 비해 북아프리카나 중동과 같은 사막 국가에서 그 영향력과 문제 해결의 난이도가 훨씬 높다고 볼 수 있다. 그러나 물 부족 문제를 비롯한 주요 환경 문제들은 현재보다 미래에 더 큰 문제로 인식될 가능성이 높아, 언제든지 중요한 사회적 이슈로 촉발될 수 있다. 그렇기에 D 영역의 문제들은 현재보다는 미래에 대비하여 그 해결책을 구비하는 것이 필요하다.

지금까지 사회문제의 영향력과 난이도를 기준으로 분류된 A, B, C, D 각 영역별 사회문제의 성격을 검토하고 그 해결을 위한 거시적 방향성을 도출해 보았다. 개별 사회문제가 아닌 사회문제 '집합(collection)'으로서 이들의 특징과 양상을 확인함으로써 어떤 영역이 보다 시급한지, 장기적으로 대응해야 하는 문제군은 무엇인지, 문제의 속성에 따라 어떠한 차별적 접근이 요구되는지를 이해하고 영역별 대응책을 마련할 수 있었다.

이제, 효과적인 사회문제 해결을 통해 집합적 임팩트 생태계를 구축하기 위한 다양한 주체들의 구체적인 실행 전략에 대해 살펴볼 차례다. 각 사회문제 영역별 문제 해결의 방향성을 바탕으로 실제 정부, 기업, 시민사회, 사회적 기업 등 주요 문제 해결 주체들이 어떠한 노력을 기울여야 할지를 고민하는 것이 필요하다. 이를 위해 다양한 주체들의 문제 해결 수준을 진단하고 이들의 역량을 강화하기 위한 주체별 전략을 제시하고자 한다.

3부

역량을 강화하라

1. 현재를 되돌아보기
2. 각자의 역량을 강화하고 차별화하라
   - 정부: 국정과제 중심의 정책 공급에서 벗어나 미래 지향적 정책 수요를 창출하라
   - 기업: 시혜적 자선에서 벗어나 사회문제 해결을 위한 비즈니스 모델을 구축하라
   - 시민사회: 비판적 문제제기를 넘어 실천적 문제해결력을 확보하라
   - 사회적 기업: '대상' 중심의 활동에서 벗어나 '문제' 중심의 사업영역을 개척하라

• • •

지금까지 집합적 임팩트의 퍼즐을 맞추기 위한 첫 단추로 사회문제를 어떻게 바라보아야 하는지, 그리고 보다 거시적인 생태계 관점에서 사회문제에 어떻게 접근해야 할지에 대해 함께 고민해 보았다. 주요 사회문제들을 직관적으로 이해할 수 있도록 사회문제의 새로운 틀을 제시하고 우리 사회가 직면한 30대 주요 이슈를 확인한 작업이 그것이다. 이러한 과정은 집합적 임팩트 생태계를 이해하는 데 있어 중요한 주춧돌이 될 수 있다.

이제 생각해 보아야 할 것은 그 문제들을 해결하기 위해 '누가', 그리고 '어떻게' 노력을 해야 할지에 대한 것이다. 오케스트라 연주회를 한번 생각해 보자. 연주회를 어떻게 이끌어나갈지에 대한 고민의 시작은 오케스트라 악단이 연주해야 할 곡의 장르와 순서, 그리고 구성에 대해 정하는 것이다. 어떤 곡을 어떤 순서로 연주할지에 대해 구상을 끝냈다면, 이제 그 연주를 누가, 어떤 악기로, 어떻게 연주할지도 생각해야 한다. 모든 악기가 함께 합주하는 파트가 있는가 하면 독주 파트도 있듯, 여러 악기가 어떤 파트를 맡아 어떠한 선율로 연주를 진행할지에 대해 결정하는 일이 필요하다. 서로 다른 악기가 연주하는 선율이 균형 있고 조화롭게 화음을 낼 수 있는지를 점검하는 것 또한 매우 중요한 일이다. 개별 연주자들이 아무리 빼어난 연주를 보여준다 하더라도 각각의 악기들이 서로 어울리지 못하고 불협화음을 낸다면, 듣는 사람은 인상을 찌푸릴 수밖에 없을 것이다. 모든 화음과 연주를 적절하게 어우러지도록 조율하는 '지휘자'의 역할 또한 필요한 것이다.

사회문제를 이해하고 이를 해결함으로써 집합적 임팩트를 창출하고자 하는 과정은 오케스트라 연주와 흡사하다. 오케스트라 연주에서 어떤 곡을 어떤 순서로 연주할지에 대해 구상하는 과정이 우리가 앞서 진행한 사회문제의 특징을 살펴보고 전체적인 사회문제 지도를 그려보는 과정에 해당한다. 다음으로 누가, 어떤 악기로, 어떻게 연주할지 구상해야 하는 것처럼, 우리도 '누가', '어떤' 사회문제를, '어떻게' 해결할지에 대해 생각해보아야 한다. 우리 사회 내에서 사회문제 해결에 꼭 필요한 주체들이 누구인지, 그리고 이들이 어떠한 역할을 담당하고 어떤 방향의 문제 해결 전략을 취해야 하는지를 고민하는 것이다. 사회 내의 많은 행위자들이 자신의 역량을 바탕으로 사회문제 해결에 적극적으로 참여하고, 그 과정에서 이전에 없던 새로운 역량을 학습해 나가는 선순환이 이루어질 때, 비로소 사회 전체의 긍정적인 변화를 기대할 수 있다.

따라서 3부에서는 각 주체별 사회문제 해결이 어떻게 이루어지는지 이해하고, 보다 거시적 관점에서 이들의 역량 강화와 사회문제 해결 전략을 마련하고자 한다. 우리의 기본적인 아이디어는 Kania & Kramer(2011)가 제시한 집합적 임팩트의 5가지 조건 중 주체별 상호 활동의 강화(mutually reinforced activities)에 기반한 협력을 통해 집합적 임팩트를 창출할 수 있다는 것이다. 즉, 효과적인 사회문제 해결을 통해 집합적 임팩트를 창출하기 위해서는 각자의 역량을 강화하고 차별화된 역할을 수행하는 동시에 다른 주체들의 활동과 조화롭게 이루어지고 서로의 노력을 더 강화하는 방식으로 사회문제가 해결되는 것이 바람직하다. 상호 활동의 강화를 통해 각 주체들은 서로의 역량과 자원을 좀 더 효율적으로 활용할 수 있고, 수월하게 목표 달성에 이를 수 있다. 사회문제 해결을 위한 자원과 역량의 총량이 한정되어 있다는 점을 생각할 때, 상호 활동의 강화는 더 많은 사회문제를, 더 효과적으로 해결할 수 있는 기회가 될 수 있다.

1. 현재를 되돌아보기

사회문제 해결의 현주소를 파악하기 위해 2부에서 제시된 사회문제 영역과 각 주체별 문제 해결 현황, 즉 정부, 기업, 시민사회, 그리고 사회적 기업의 사회문제 해결에 대한 자료를 보다 면밀히 살펴볼 필요가 있다. 1부에서 설명했던 바와 같이, 우리는 정부, 기업, 시민사회, 그리고 사회적 기업의 사회문제 해결을 위한 사업(project) 자료를 활용하여 분석을 시도하였다.[1] 구체적으로는 정부의 단위정책 사업(프로젝트)과 기업의 사회공헌 프로그램, 시민사회(비영리민간단체)의 사업 내용, 그리고 사회적 기업의 사업 내용을 중심으로 각 주체들의 사회문제 해결 현황을 분석하였다.[2] 먼저, 30대 사회문제를 중심으로 각 사회문제별 구분에 따른 해결의 노력(사업 수)을 상대적 비중(%)으로 변환하여 계산하고, 이를 원의 크기로 시각화하였다. 이를 바탕으로 각 주체들의 문제 해결 노력을 사회문제 영역과 결합하고 주체별 사회문제 해결의 특징과 함께 바람직한 문제 해결 방향

1) 사회문제 해결을 위한 노력, 즉 투입(input)을 측정하는 방법은 다양하지만, 우리는 정책사업(project base) 수를 분석의 단위로 활용하였음에 유의할 필요가 있다. 이는 각 주체별로 서로 다른 데이터를 분석함에 있어 비교의 일관성(consistency)을 높이기 위함이다. 정부 예산에는 인건비(공무원 인건비 등)나 예산 대체(부처별, 비목별 대체 등) 등 부가적인 요소가 다른 자료에 비해 많이 포함되어 있는 반면, 사회적 기업이나 시민사회 자료에는 이러한 내용이 상대적으로 적으므로 단순히 예산의 크기를 비교하는 것은 적절하지 않을 수 있다. 또한 분석의 단위를 사업으로 할 경우 얼마나 많은 주체(player)들이 사회문제를 위한 활동에 참여·집중하고 있는지를 보다 직관적으로 보여줄 수 있다는 장점도 있다.

2) 자료에 대한 자세한 내용은 앞선 1부의 4장을 참고하기 바란다.

에 대해서도 제시하고자 한다.

전체 100대 사회문제 중 영향력을 기준으로 선정된 30대 주요 사회문제에 대한 해결 노력은 평균 약 39%를 차지하고 구체적으로 100대 사회문제의 해결을 위해 투입하는 노력을 100%라고 볼 때, 이 중 30대 사회문제의 해결을 위한 노력은 정부가 약 45%, 기업이 약 33%, 시민사회가 약 41%, 사회적 기업이 약 36%의 수준으로 나타나고 있다. 각 주체별 사회문제 해결 노력 중 4할 정도는 30대 문제를 해결하는 것에 집중되고 있다는 의미이다. 예컨대 정부는 정책사업의 약 45%를 30대 문제 해결을 위해 투자하고 있는데, 우리가 제시한 30대 주요 사회문제가 국민들이 체감하는 문제의 영향력이 높은 문제들로 구성되었다는 점에서 볼 때, 30대 문제에 대한 집중도가 높은 것은 당연한 결과로 풀이할 수 있다.

30대 사회문제에 대한 문제 해결의 현주소를 조금 더 구체적으로 살펴보자. 정부, 기업, 시민사회, 그리고 사회적 기업의 30대 사회문제 해결 노력은 세부 사회문제마다 다르게 나타난다. '복지수요에 비해 부족한 복지'와 같은 사회문제는 전반적으로 모든 주체들이 문제 해결을 위해 노력을 기울이고 있지만, 특정 사회문제들은 주체별 해결 노력에 많은 차이가 있다. 대표적으로 '의료비 부담 증가' 문제는 정부와 기업이 문제의 해결을 위해 다양한 사업을 실시하는 반면, '지역 간 문화격차 심화'와 같이 시민사회가 해결을 주도하는 문제들도 여럿 확인할 수 있다. '폭염·한파' 문제는 네 주체 중 유일하게 정부만이 관심을 가지고 문제 해결을 위한 활동을 지속하는 이슈이다.

그렇다면 사회문제 해결 현황과 그 현주소에 대해 어떻게 평가할 수 있을까? 먼저, '경제', '사회', '환경'의 3대 목표를 기준으로 할 때, 정부, 기업, 시민사회, 사회적 기업 모두 '사회' 영역의 문제 해결에 크게 집중하고 있음을 알 수 있다. 물론 이는 30대 문제 중 절반 이상이 '사회' 영역에 속하기 때문이기도 하지만, 전반적으로 볼 때에도 모든 주체들이 '사회' 영역의 문제 해결에 조금 더 집중하는 양상을 보인다. 둘째, 문제 해결의 난이

[표 3.1] 30대 문제 대상 각 주체별 사회문제 해결 노력 (단위: %)

영역	30대 사회문제	정부	기업	시민사회	SE
A	소득 양극화 심화(부익부 빈익빈)	0.12	3.38	0.33	0.13
A	노인 빈곤 심화 및 불안정한 노후생활	0.30	–	–	2.11
A	노후 주거지 및 주거생활권 불안	5.47	1.14	–	0.37
A	플라스틱 사용 및 배출	0.18	–	0.34	0.22
A	복지 수요에 비해 부족한 복지	1.84	25.84	25.02	46.74
A	미세먼지 증가 및 노인·어린이 등 민감계층 지원 대책 부족	0.18	3.38	0.34	0.11
A	성별/연령별 맞춤형 일자리 및 안전망 부족	1.13	2.24	27.94	2.04
A	일·생활 불균형(일·가정 양립 불가능, 높은 근로시간)	0.48	–	0.11	0.06
A	가계부채 증가	0.36	–	–	0.04
B	집값 불안정(전셋값 폭등 등) 및 주거부담 증가	0.30	–	0.11	0.60
B	고령화 심화	0.18	–	0.11	0.04
B	투명하지 못한 정부 운영(정부 신뢰 하락)	5.23	–	–	0.95
B	교육비 부담(비싼 등록금 문제 등)	0.83	8.99	0.33	0.07
B	성범죄(성폭력 사건 등) 증가	1.01	–	0.11	1.40
B	학벌지상주의 및 학력/학벌 차별 관행	0.95	–	0.11	0.04
C	어려운 재취업	0.18	–	0.11	0.04
C	북한 미사일/북핵 문제 및 남북관계 갈등	5.82	–	–	2.75
C	청년 일자리 부족	0.30	1.14	0.91	0.24
C	세대/연령 간 갈등 및 격차 심화	0.30	–	0.11	0.06
C	공교육 붕괴 및 사교육 심화	0.53	–	–	0.11
C	이념·지역·정치적 갈등 심화	0.59	1.14	0.22	20.15
C	지역 간 문화격차 심화	0.30	3.38	25.49	0.07
C	취약계층 및 지역 교육 격차 심화	0.06	32.57	6.06	4.10
C	부정부패 및 뇌물수수	1.49	–	–	3.29
D	결혼/출산/양육 친화적인 사회시스템 부족	1.96	–	–	11.92
D	의료비 부담 증가	0.95	12.34	0.67	1.70
D	경기침체 지속 및 금융산업 경쟁력 부족	10.93	2.24	1.02	0.47
D	폭염·한파	0.24	–	–	–
D	물 부족(식수공급 불균형 등)	1.60	2.24	–	0.07
D	감염병 확산 및 대응 체계 부족	0.95	–	10.55	0.07

주: 각 주체별 상대적 문제해결 노력을 비교하기 위해 30대 문제의 해결 노력을 100으로 하여 세부 문제별 해결 노력의 비중을 계산

도가 높은 문제들, 즉, OECD에 속한 다른 국가들과 비교했을 때 우리나라가 상대적으로 더 열악하거나 좋지 않은 상태에 놓인 영역의 문제들을 중점적으로 해결하려는 경향을 보이고 있다. 앞서, 사회문제의 효과적 해결을 위해 문제 중심의 관점, 즉 문제의 영향력과 난이도를 고려하는 것이 필요함을 살펴보았다. 다양한 사회문제들을 비교했을 때, 얼마나 많은 사람들이 문제를 중요하고 심각하게 인식하며 그 문제의 해결이 비교적 쉽게 이루어질 수 있는지, 아니면 그 과정에서 상대적으로 더 많은 노력이 필요한지에 따라 문제에 접근하는 우선순위와 전략을 다르게 설정해야 한다. 이러한 문제 중심 관점에서 주체들의 해결 현황을 바라보면, 정부와 기업은 문제의 영향력은 상대적으로 낮지만 난이도가 높은 C 영역의 문제에 비교적 해결 노력을 크게 기울이는 반면, 시민사회와 사회적 기업은 문제의 영향력과 난이도가 모두 높은 A 영역의 사회문제에 대한 해결 노력이 비교적 큰 것을 알 수 있다.

사회문제의 현주소를 살펴본 결과 우리는 다음의 중요한 한 가지 사실을 발견하였다. 사회문제 내용에 따라 각 주체들의 해결 노력이 큰 차이를 보인다는 것이다. 하나의 사회문제에 대해서도 각 주체별로 그에 대한 해결 노력이나 관심은 크게 차이를 보이고 있으며, 문제 해결의 노력 자체가 특정한 주체에 집중되어 있는 경우도 있다. 이를테면 '노인 빈곤 심화 및 불안정한 노후생활'은 정부와 시민사회의 문제 해결 노력이 두드러지는 반면, '가계부채 증가' 문제의 경우 문제 해결을 위한 노력이 상대적으로 적게 나타나는 것을 알 수 있다.

2. 각자의 역량을 강화하고 차별화하라

지금까지 사회문제의 현주소를 살펴보았다면, 이제부터는 각각의 주체들이 보여주는 사회문제 해결 노력의 특징을 파악하고자 한다. 이 장의 [그림 3.1]부터 [그림 3.4]는 2부의 사회문제 분석 프레임워크에 따라 도출한 4가지 영역에 사회문제를 매핑하고, 이를 해결하기 위한 각 주체별 노력의 크기를 원의 형태로 표현함으로써, 사회문제의 속성과 함께 문제 해결의 노력이 어느 정도 이루어지고 있는지를 한눈에 살펴보고자 한 것이다. 원의 크기는 사회문제 해결을 위한 각 주체별 노력의 크기를 나타내므로, 그 크기가 클수록 해당 문제의 해결을 위한 집중적이고 광범위한 노력이 이루어진다고 생각할 수 있다. 예를 들어 A 영역에 속해 있는 '노후주거지 및 주거생활권 불안' 문제는 국민들이 생각하기에 매우 중요하고 그 해결 또한 어려운 문제이므로 해결의 난이도가 높게 나타나는 것을 알 수 있다. 반면 '부정부패 및 뇌물수수' 문제는 현재, 그리고 향후 국민들이 생각하는 문제의 중요성이 상대적으로 낮게 나타난다. 또한 이 둘을 비교했을 때 '노후주거지 및 주거생활권 불안' 문제의 원의 크기가 더 큰 것을 알 수 있는데, 이는 주거 문제의 해결을 위해 상대적으로 정부가 더 많은 노력을 투입하고 있다고 해석할 수 있다.

각각의 주체들이 관심을 가지고 중요하게 해결하는 문제들은 무엇이며, 이들은 얼마만큼의 문제 해결 노력을 투입하고 있는가? 각 주체별로 나타나는 사회문제 해결의 특징은 무엇이며, 효과적인 사회문제 해결을 위해 무엇이 필요한가? 사회문제 해결 현주소에 대한 진단과 평가가 이루어졌

[그림 3.1] 정부의 사회문제해결(프로젝트 기준)

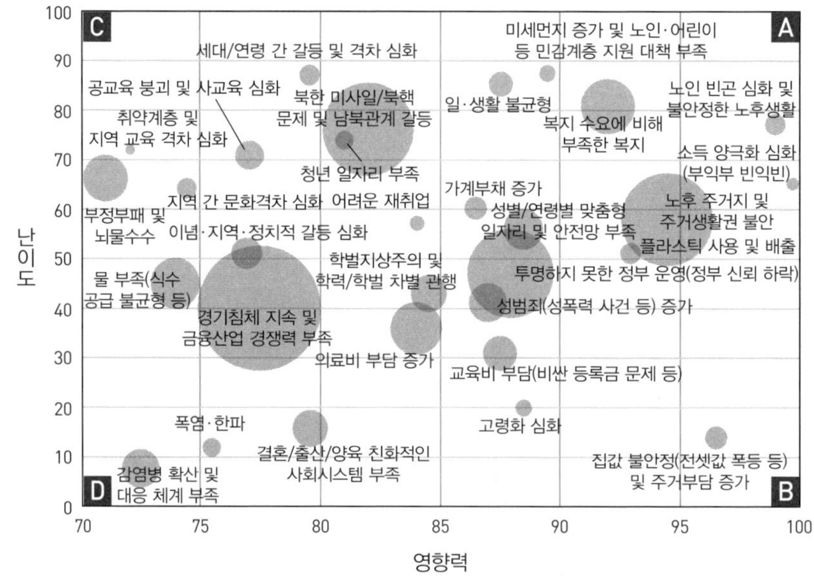

주: '부정부패 및 뇌물수수' 문제의 영향력은 70점, 소득 양극화 심화(부익부 빈익빈) 문제의 영향력은 100점이나, 가로축의 최솟값(70점)과 최댓값(100점)을 고려하여 그림에서 가로축 안쪽에 위치하도록 조정함

다면, 이제 각 주체들의 바람직한 역할에 대해 생각해 볼 시간이다.

정부, 국정과제 중심의 정책 공급에서 벗어나 미래 지향적 정책 수요를 창출하라

본 글을 읽는 독자들의 대부분은 '누가' 사회문제를 해결해야 하는가에 대한 질문에 아마도 정부의 모습을 떠올릴 것이다. 물론 중요한 사회문제 해결의 대표적인 주체는 역시 정부이다. 2019년을 기준으로 30대 주요 사회문제 해결을 위해 정부가 투입한 예산은 166조 원에 달하고 있다.[3)]

3) 30대 사회문제가 아닌 전체 100대 사회문제로 그 범위를 넓힐 경우, 정부의 문제 해결을 위한 예산 투입은 2019년 총예산 470조 원 중 277조 원에 달하고 있다.

정부의 사회문제 해결 현황을 살펴보면 문제별로 조금씩 차이를 보이고 있긴 하지만, 영역별로 고르게 원 모양이 분포하고 있음을 알 수 있다. 해결하는 문제의 종류도 '경기침체 지속 및 금융산업 경쟁력 부족', '북한 미사일/북핵 문제 및 남북관계 갈등'부터 '투명하지 못한 정부 운영(정부 신뢰 하락)' 등 그 내용과 범위 또한 다양하다. 전체적으로 특정 사회문제 영역에 치우치지 않고 모든 영역에서 골고루 사회문제 해결을 위해 노력하고 있는 것이다.[4] 국정운영 자체가 경제, 사회, 환경 영역 전반의 이슈를 다루기에, 정부의 사회문제 해결을 위한 노력 또한 다양한 이슈를 폭넓게 살피는 방향으로 진행되고 있음을 알 수 있다.[5] '종합적 사회문제 해결사'로서의 역할이 이루어지는 셈이다.

그렇지만 몇 가지 아쉬운 대목도 발견할 수 있다. 실제 정부의 문제 해결 현황을 살펴보면, 문제의 영향력과 난이도가 높은 시급한 문제들에 대한 적극적 해결 노력이 미흡하다. 예를 들어 '미세먼지 증가 및 노인·청소년 등 민감계층 지원 부족'의 경우 문제의 중요성과 심각성이 높게 나타남에도 불구하고 그 해결을 위한 정부의 정책노력은 크게 이루어지지 못하고 있다. 마찬가지로 '플라스틱 사용 및 배출' 문제 또한 현시점에서 문제 해결의 난이도는 상대적으로 높지 않지만, 사회적·환경적 측면에서 문제의 심각성과 중요성이 점차 커질 수 있는 중요 이슈에 해당함에도 그 해결 노력은 미흡한 편이다. 또한, 정부의 정책 사업이 집중적으로 이루어지는 주요 사회문제들이 상대적으로 영향력이 낮은 C 영역과 D 영역에 걸쳐있

4) 분석 자료가 2019년을 기준으로 수집되었기 때문에 이 책을 읽는 시점의 상황과는 조금 다른 모습을 보일 수 있음을 양해해 주기 바란다. 예컨대 2020년의 정책을 기준으로 다시 분석한다면, '감염병 확산 및 대응체계 부족', '집값 불안정(전셋값 폭등 등) 및 주거부담 증가' 등의 문제에 대한 해결 노력이 훨씬 높을 것이라 예상할 수 있다.

5) 여기서는 주로 정부의 정책 사업을 기준으로 한 문제 해결 현황을 살펴보았다. 이는 앞서 설명했던 것처럼 비교의 일관성(consistency)을 확보하는 동시에 다양한 주체(player)들이 얼마나 사회문제 해결에 집중하고 있는지를 보다 직관적으로 보여주기 위함이다. 또한 정부 프로그램이나 단위사업을 기준으로 할 경우에도 예산 투입에 의한 문제 해결 현황과 큰 차이를 보이지 않는다.

다는 점도 확인할 수 있다. 물론 우리가 제시한 30대 사회문제가 모두 그 심각성과 중요성이 높은 문제에 해당하긴 하지만, 사회문제 해결을 위한 정부의 정책노력에 있어 국민들이 생각하는 문제의 심각성, 중요성, 그리고 체감도가 적절히 고려되지 못함은 무시할 수 없는 부분이다.

정부의 사회문제 해결은 일반 개인이나 공공 조직, 그리고 그 외의 다양한 사회 구성원들을 포함하여 보다 거시적 차원에서 정책을 설계하고 장기적으로 사회문제에 대응할 수 있다는 점에서 유리하다. 그럼에도 국민들이 보다 중요하게 생각하는 사회문제를 해결하기 위한 노력은 그다지 크지 않은 편이다. 특히 이들 문제 중 상당수는 미래에 그 영향력이 증가할 수 있는 문제들도 많은데, 이는 미래에 발생할 주요 사회문제에 대한 준비가 부족하다는 것으로 해석할 수도 있다. 정부 정책의 특성상 현재 당면한 문제들에 대해 보다 주의를 기울일 수밖에 없는 내생적 한계가 존재하는 것은 어쩔 수 없다. 하지만 미래에 발생할 주요 사회문제, 특히 국민들이 중요하게 생각하는 문제들을 정확히 파악하고 장기적 관점에서 정책을 추진함으로써 이들이 난해한 사회문제로 탈바꿈하지 않도록 적절한 조치가 필요하다.

보다 효과적으로 사회문제에 대응하기 위해서는 현재 당면한 문제들 외에도 미래에 임팩트가 높은 문제들을 중심으로 선제적인 대응이 요구된다. 현재의 수요에 급급한 정책의 일방적 공급보다는 미래 수요를 예측하고, 그에 대해 대비할 수 있는 역량을 갖추는 것이다. 환경문제처럼 문제의 중요성이나 심각성이 지금에 비해 비약적으로 증가할 수 있는 문제라면 과감한 접근과 투자를 통해 대응하는 것이 필요하며, 보다 넓은 범위에서 파급효과를 지니도록 정책사업을 기획하는 것이 일종의 대안이 될 수 있다. 각각의 사회문제를 별개로 취급하고 개별적인 접근을 취하기보다는 통합적이고 포괄적인 관점에서 다양한 문제를 점진적으로 완화하기 위한 노력도 하나의 해결책이 될 수 있다.

최근 정부에서 추진하고 있는 그린 뉴딜 정책은 선제적인 사회문제 해결을 위한 정부의 방향성을 담은 예시가 될 수 있다.[1] 정부는 수소차·전기

[표 3.2] 한국판 그린 뉴딜 대표과제

과제	개요	사업비(조 원)		일자리(만 개)
		2022년까지	2025년까지	2025년
스마트 그린 산단	산업단지를 스마트·친환경으로	2.1	4	3.3
그린 리모델링	공공 건축물 에너지 성능 강화	3.1	5.4	12.4
친환경 미래 모빌리티	전기·수소차 보급 및 노후차 친환경 전환	8.6	20.3	15.1
그린 스마트 스쿨	디지털 교육환경 조성	5.3	15.3	12.4
신재생에너지 전환 지원	확산기반 구축 및 공정전환 지원	3.6	9.2	3.8
녹색금융	R&D, 금융 등 녹색혁신 지원	1.2	2.7	1.6
물 관리 체계 구축	노후 상수도 스마트 관리	2.3	3.4	3.9

차 보급과 해상풍력단지 조성, 녹색기업 육성 및 환경오염 방지 등을 위해 민관 합동펀드를 조성하고, 도심녹지 조성, AI(인공지능)를 도입한 수돗물 관리, 신재생에너지 설비·고성능 단열재 등을 사용해 공공 건물을 리모델링하는 '그린 리모델링' 등의 '한국판 그린 뉴딜' 정책을 발표한 바 있다.

점차 심화되는 환경오염을 완화시키는 것이 사업의 주요 내용이지만, 세부적으로 살펴보면 주거단지 조성이나 노후 상수도 관리 등도 포함되어 있어 주거부담이나 주거생활권 불안 등의 문제를 경감하기 위한 노력도 엿볼 수 있다. 또한 녹색산업 혁신 생태계 구축을 위한 일자리 창출을 통해 경제적 문제를 완화시키는 한편, 디지털 교육환경 조성 등을 통해 교육 문제에 대한 접근도 부분적으로 담고 있다. 전 세계적인 기후변화와 위기에 대한 현재의 인식 수준이 전반적으로 높지는 않지만, 장기적으로 그 중요성이 높아지는 환경 문제에 대한 불확실성을 해소하고 경제 영역의 문제와 환경 영역의 문제를 통합하여 접근함으로써 미래의 사회문제 수요에 보다 선제적으로 대응하는 것이 가능하다.

지금까지 정부가 국정 운영의 차원에서 정책을 만드는 데 집중했다면, 이제는 '사회문제'를 중심으로 한 문제 해결 전략이 필요하다. 정책의 '공급'에서 벗어나 '수요'적 측면을 고려한 정책설계가 이루어져야 하는 것이다. 국민의 입장에서, 그리고 미래적 관점에서 어떤 수요가 있을지 고민하고 그에 맞춰 정부가 운영되어야 한다.

기업, 시혜적 자선에서 벗어나 사회문제 해결을 위한 비즈니스 모델을 구축하라

정부를 중심으로 한 사회문제 해결 방식이 가장 대표적이기는 하지만, 정부가 모든 사회문제를 다 해결하는 것은 불가능하다. 민간 부문에서 사회문제 해결을 위한 노력이 뒷받침되지 않는 경우 그 효과성은 낮아질 수밖에 없으며, 시장을 활용한 자발적 문제 해결 노력이 이루어져야만 지속적인 문제 해결 가능성을 담보할 수 있다. 우리가 제시한 생태계의 개념적 의미를 되새겨 보면, 기업을 중심으로 한 시장 영역에서 사회문제 해결을 위해 나서는 것은 사회문제 해결을 위한 사회 전체적인 참여를 끌어올릴 수 있을뿐더러, 일상적인 경제 활동 내에 사회문제 해결을 자연스럽게 편입시킬 수 있다는 점에서 매우 큰 파급효과를 지닌다고 볼 수 있다.

이런 의미에서 볼 때, 시장 영역에서 이루어질 수 있는 사회문제 해결의 노력과 그 주체가 무엇일지에 대한 고민은 무엇보다 중요하다. 정부가 공공 부문에서의 가장 중요한 사회문제 해결 주체라면, 시장 영역에서의 새로운 문제 해결 주체는 기업이 될 수 있다. 최근 자본시장에서는 ESG 논의가 활성화되고 있으며, 기업의 사회문제 해결을 위한 노력이 크게 증가하고 있는 상황이다. 우리나라의 경우에도 2020년 상위 100대 기업의 사회공헌은 약 1조 7,950억 원 규모로, 2019년 1조 7,145억 원에 비해 약 5%가 증가하였다. 또한 전체의 29% 이상의 기업이 10년 이상 사회공헌 프로그램을 진행하는 것으로 나타났다.[2] 실제로 기업 또한 이윤과 사회적 가치를 동시에 추구할 때 그 지속가능성을 담보할 수 있다는 논의들도 증가하는데 이러한 점에서 기업의 사회문제 해결은 그 자체로 큰 의미가 있다.

정부의 문제 해결이 '종합 선물 세트'의 인상을 준다면, 기업의 사회문

[그림 3.2] 기업의 사회문제 해결

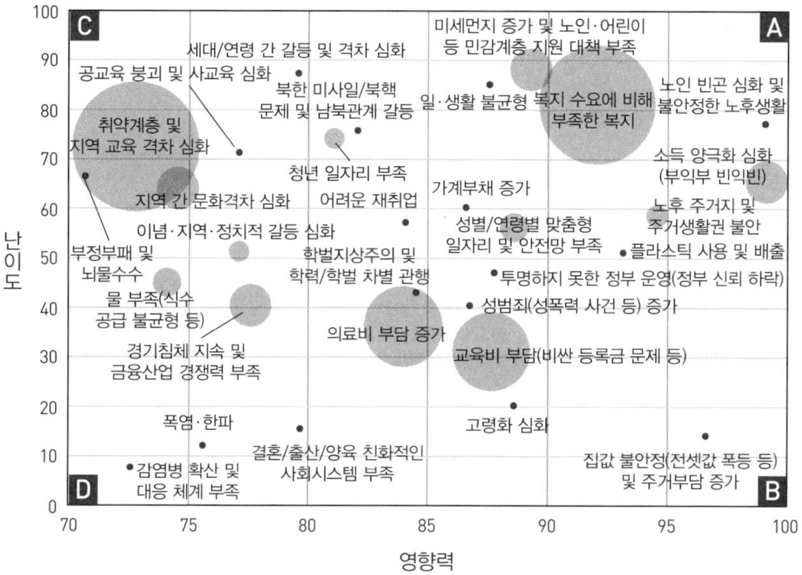

주: '부정부패 및 뇌물수수' 문제의 영향력은 70점, 소득 양극화 심화(부익부 빈익빈) 문제의 영향력은 100점이나, 가로축의 최솟값(70점)과 최댓값(100점)을 고려하여 그림에서 가로축 안쪽에 위치하도록 조정함

제 해결 특성을 한마디로 요약하면 '선택과 집중'이다. 30대 문제 중 기업의 사회공헌 프로그램이 타겟하고 있는 문제는 13개로 절반이 채 되지 않는다. 기업의 사회문제 해결은 취약계층의 삶의 질 향상을 위한 교육 기회 확대 등에 큰 중심을 두고 있는데, 이들의 사회문제 해결 활동이 교육과 복지 영역에만 집중해 있다는 점에서 '사회공헌'을 통한 사회문제 해결의 한계가 명확히 드러난다.[6] 우리나라 기업의 사회공헌은 대부분 취약계층에 대한 장학금 지원 등의 사업을 중심으로 한다. 최종 수혜계층이 대부

6) 물론 이러한 결과는 우리가 기업의 '사회공헌활동' 자료를 바탕으로 기업의 사회문제 해결 노력을 분석했다는 점에서 비롯하기도 한다. 그럼에도 불구하고 기업이라는 주체의 특성상 사회공헌 활동 프로그램이 실질적인 사회문제 해결이나 비즈니스 모델과 괴리되어 있다는 점은 충분히 문제로 지적할 만하다.

분 취약계층이라는 의미이다. 우리나라 기업의 사회공헌 활동이 상당 기간 지속되어 왔다는 점을 고려할 때, 사회공헌 프로그램이 '책임'과 '윤리' 등을 표방하고 있음에도 여전히 그 내용은 '기부'나 '자선' 수준에서 크게 벗어나지 못하고 있다.

『2020 사회공헌 백서』에 따르면, 국민들이 바라는 사회공헌의 형태는 취약계층 청년을 위한 주택 공급이나 경력단절/취약계층 여성을 위한 일자리 마련, 생활 속 일회용품 저감의 확대, 저소득층의 에너지 비용 절감 지원, 의료 취약계층을 대상으로 한 이동식 진료소 운영 등이 우선순위를 차지하고 있었다. 반면, 기업들은 임직원 급여의 일정액을 후원하거나 봉사 활동을 통해 결식아동, 독거노인 등 취약계층을 지원하는 등의 단순한 자선 형태의 사회문제 해결이 집중적으로 이루어지고 있는 것으로 나타났다. 이는 기업의 사회공헌과 사회적 책임의 실천이 그들의 주요 이해관계자인 국민들이 원하는 바와 괴리되고 있음을 의미한다. 또한 이는 비즈니스와도 단절된 형태로 기업의 사회공헌이 이루어지고 있음을 단적으로 보여주는 부분이다. 물론 취약계층에 대한 지원을 통해 빈곤과 소득불평등 문제를 해결하는 것이 중요하기는 하지만, 실제 기업의 비즈니스나 사업 전략과의 연계가 두드러지지 않는 점은 기업이 지닌 유수한 자원과 역량을 사회문제 해결에 효과적으로 활용하고 있지 못함을 의미한다. 기업이 지속 가능하게 사회문제를 해결하려면, 사회문제 해결에 투입된 비용을 기업의 수익으로 전환시킬 수 있는, 즉, 비즈니스와 연계된 사회적 가치 창출이 이뤄져야 한다. 하지만, 현재의 상황은 사회적으로나, 기업의 입장에서나 그다지 이득이 되지 않는다. 기업의 사회문제 해결을 위한 활동이 증가하는 것과 별개로 사회문제 해결을 위한 전략과 방향이 크게 수정될 필요가 있는 것이다.

최근 들어 기업이 사업 영역과 사회공헌 활동을 접목시키고자 하는 노력이 증가하고 있는 것은 사실이다. 예컨대 DB손해보험은 초등학교 부근 어린이보호구역 내 횡단보도 신호대기공간을 노란색으로 구획화하는 '옐

로카펫 캠페인'과, 어린이들이 일상생활에서 접할 수 있는 화재, 물놀이 사고, 승강기 사고, 유괴 등 다양한 위험 상황 발생 시 신속하고 올바르게 대처할 수 있도록 체험형 프로그램을 운영함으로써 실제 사업 영역과 사회공헌을 접목시키고 있다.

하지만 우리는 사회문제 해결을 위한 기업의 방향이 보다 진보적이고 미래적인 관점에서 탈바꿈될 필요가 있다고 본다. 그렇다면 사회문제 해결에 있어 기업의 역할은 무엇일까? 사회문제 해결에 있어 비교적 후발주자인 기업은 어떠한 활동을 전개하는 것이 필요할까? 우리는 이를 위해 기업 비즈니스 모델의 변화가 필요하다고 본다. 단순히 사회공헌과 사업 영역을 결부시키는 노력에서 그칠 것이 아니라, 사업 그 자체, 즉 비즈니스 모델 자체가 사회문제 해결에 초점을 두어 설계되는 것이 필요하다. 기업 운영의 목적과 사업 모델의 목표를 '경제적 가치를 극대화 하는 것(maximizing economic value)'에서 '사회적 가치를 추구하는 방향(exploring social value)'으로 관점을 전환하는 것이다.

아마존의 '알렉사'가 그 대표적인 예이다.[3] 아마존은 인공지능 플랫폼인 알렉사에 미국 최대 의료 포털인 '웹엠디(WebMD)'의 데이터베이스를 탑재하고, 사용자에게 애플리케이션을 통해 건강 증상에 대한 답변과 함께 의학 지식을 제공하고 있다. 2019년 7월에는 영국 국민보건서비스(NHS)와 파트너십을 맺고, 건강과 관련된 질문에 알렉사가 NHS 시스템을 검색하여 답변을 하는 서비스도 제공하고 있다.[4] 아마존이 추진하는 이러한 온라인 의료서비스는 기존에 일반 상품을 온라인 배송을 통해 구입할 수 있는 서비스를 의료시장에 그대로 적용한 것이다. 비즈니스 모델 자체를 사회문제 해결에 적용하고 그 과정에서 경제적 가치와 사회적 가치를 동시에 향상시킬 수 있다는 점에서 그 활용 가치가 높다고 볼 수 있다. 우리나라에서 SKT, 삼성전자, 그리고 카카오 3사가 공동으로 추진하고 있는 '팬데믹 극복 AI' 개발 사업 또한 사회문제 해결을 위해 비즈니스 모델을 구축한 또 다른 예로 볼 수 있다.[5] 팬데믹 극복 AI는 유동인구 빅데이터, 공공 재난

정보, SNS 정보 등을 통해 지역별 위험도를 정교화하고, 스마트폰 등에 기록된 일정, 항공권·공연·숙박 예약 정보, 평상시 이동 경로 등의 데이터를 바탕으로 이용자에게 예측 정보를 제공한다. 비즈니스 모델의 핵심을 팬데믹 극복이라는 사회문제 해결에 초점을 두고 있으며, 그 과정에서 각 기업이 그간 개발한 AI기술 역량과 경험을 적용한다는 점, 그리고 이를 통해 공동의 이익과 AI기술의 글로벌 영향력 강화를 시도한다는 점에서 사회문제 해결을 비즈니스 모델의 기반으로 삼고 있는 것을 알 수 있다.

과거 기업들이 전통적으로 이윤을 창출하기 위해 사회의 변화와 수요를 예측하고 새로운 틈새시장을 개척하는 것처럼, 이제는 새로운 사회적 가치가 무엇인지 찾아내고 이를 개척하기 위한 시도가 필요한 시점이다. 과거와 달라진 현재의 기업 환경에서 기업의 사회적 책임은 경영의 모든 과정에서, 사회적 가치를 창출하고 혁신을 시도하는 노력을 통해 사업 영역 전체에 걸쳐 이루어져야 한다. 즉, 시혜적 수준의 '보여주기식' 활동이나 단순히 사회공헌의 내용을 일부 개선하기 위한 평면적 노력에서 그치는 것이 아니라 기업의 비즈니스 모델 자체를 사회적 가치 창출에 입각하여 혁신하고자 하는 보다 입체적인 노력이 요구된다. 기업의 핵심 역량과 사업 분야, 그리고 사회적 책임 활동을 관통하는 사회문제 해결을 실천함으로써 사회문제 해결이 기업과 국민, 사회 전체에 도움을 줄 수 있는 구조를 만드는 것이 무엇보다 필요한 때이다.

시민사회, 비판적 문제 제기를 넘어 실천적 문제 해결력을 확보하라

공공 영역과 시장 영역이 아닌 제3섹터에 속하면서도 전통적으로 사회문제 해결을 이끌어온 가장 대표적인 주체는 바로 시민사회이다. 코로나19 감염병의 사례에서도 확인할 수 있듯 현대의 사회문제들 중 상당수는 불확실성을 지닌 난제에 해당한다. 그렇기에 미래에 발생할 사회문제를 예측하기란 불가능에 가까우며, 시민사회의 자발적 노력이 뒷받침되지 않고는 사회문제 해결의 돌파구를 찾기란 쉽지 않다.

시민사회에서 활동하는 다양한 비영리기구 또는 비정부기구들은 자율적인 제3섹터로서의 성격을 지니고 자발적인 활동을 전개하는 것을 특징으로 한다. 특히 최근 들어 시민사회는 양적인 성장과 함께 질적 다양성 또한 확대되고 있다. 공공 정책이나 기업 정책, 그리고 대중의 인식과 행동에 영향을 주는 전통적인 시민사회 유형인 '애드보커시(advocacy)'와 '자원봉사' 외에도 점차 '사회서비스', '협동조합' 등으로 분화되고 실질적인 사회문제 해결로 이들의 활동 영역이 확장되고 있다.[6]

그렇다면, 현재 시민사회의 사회문제 해결 수준은 어떠할까? 2019년 행정안전부에 등록된 1만 2,000개 이상의 비영리민간단체의 사업 활동을 한

[그림 3.3] 시민사회의 사회문제 해결

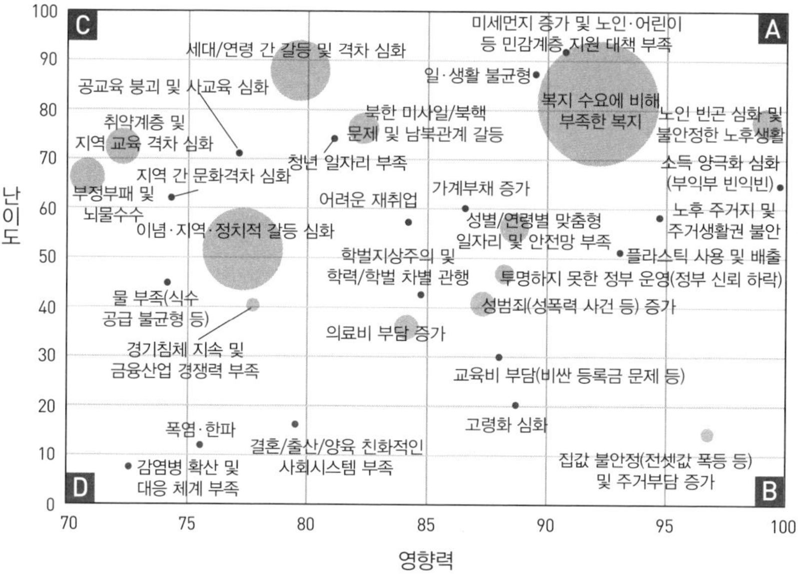

주: '부정부패 및 뇌물수수' 문제의 영향력은 70점, 소득 양극화 심화(부익부 빈익빈) 문제의 영향력은 100점이나, 가로축의 최솟값(70점)과 최댓값(100점)을 고려하여 그림에서 가로축 안쪽에 위치하도록 조정함

번 살펴보자. 30대 문제를 중심으로 한 시민사회의 문제 해결 노력은 정부의 문제 해결 노력만큼이나 폭넓게 진행되고 있다. 시민사회의 문제 해결이 두드러지게 나타나는 분야는 '복지 수요에 비해 부족한 복지', '이념·지역·정치적 갈등 심화', '세대/연령 간 갈등 및 격차 심화', '취약계층 및 지역 교육 격차 심화', '부정부패 및 뇌물수수' 등이다.

전반적으로 볼 때 계층 간 갈등과 격차를 해소하고 보다 균형 있는 사회 발전을 위한 활동이 폭넓게 이루어지고 있음을 알 수 있다. 정부의 사회문제 해결과 차별화되는 시민사회 문제 해결의 가장 중요한 특징은 난이도가 높은 문제를 해결하는 방향으로 이루어진다는 점이다. 문제 해결의 난이도가 높은 영역들, 즉 상대적으로 다른 나라에 비해 문제 해결이 잘 이루어지고 있지 않은 A 영역과 C 영역의 문제 해결에 집중하고 있는 것을 알 수 있다.

반면 문제 해결 난이도가 낮은 B 영역이나 D 영역의 사회문제는 시민사회 중심의 활동이 상대적으로 저조하다. 시민사회는 사람들이 미래에 보다 중요하다고 생각하는 사회문제보다는 상대적으로 문제의 해결이 어려워 그 심각성이 높은 사회문제에 집중한다고 볼 수 있다. 기본적으로 많은 시민단체들이 사회적으로 큰 쟁점이 될 수 있는 이슈들을 발굴하고 이를 공론화하는 활동을 활발히 펼치고 있다는 점에서 쉽게 이해가 가능한 대목이다.

시민사회는 많은 경우 공공 정책이나 기업 관행 등에 대한 비판적 목소리를 통해 사회문제에 대한 관심을 환기하는 활동을 전개한다. 이러한 시민사회 활동의 특징이 사회문제 해결에도 고스란히 반영되고 있다고 볼 수 있다. 앞서 1부에서 우리가 제시한 집합적 임팩트의 조건에 비추어본다면, 현재의 시민사회 역할은 '공동의 아젠다' 형성에 초점을 두고 있는 것이다. 그렇지만 이러한 비판적 문제 제기 활동이 그 해결과 사회적 가치의 창출로 이루어지는 데까지는 상당한 시간이 소요된다. 사회문제에 대한 관심을 환기하고 시민들의 자발적 참여를 유도하는 것이 중요한 작업임에는 분명하나, 비판보다는 해결책을 제시하고 실질적인 사회문제 해결 활동을 확장하는 데 보다 초점을 맞추는 것이 필요한 것 또한 사실이다.

시민사회의 활동과 정체성이 사회문제 해결과 사회발전에 초점이 맞추어져 있으며, 문제 해결 활동의 범위나 규모에 있어 확장가능성이 상당히 높다는 점에서 볼 때 보다 균형 있는 시도가 요구된다. 예컨대 '투명하지 못한 정부 운영(정부 신뢰 하락)' 등 문제 해결의 난이도가 낮더라도 영향력이 큰 문제에 집중하는 경우, 보다 빠르고 효과적으로 대중의 공감과 참여를 이끌어낼 수 있다. 이를테면 집합적 임팩트의 창출을 위한 '상호 활동의 강화', 그리고 '지속적인 소통' 단계에서 문제 해결을 위한 동기를 부여하고, 대안과 실행계획에 대한 고민을 통해 상호 활동을 촉진하는 등의 역할을 담당할 수 있다.

시민사회의 활동이 사회문제 해결을 위한 방향으로 점차 확대되고, 보다 실질적인 문제 해결을 위한 노력을 전개하는 사례들도 찾아볼 수 있다. 방글라데시에서 대출이 불가능한 빈곤층에게 대출과 보험 등의 금융서비스를 제공하는 소액 금융(microcredit)을 제공함으로써 빈곤 감소에 크게 기여한 방글라데시 농촌발전위원회(BRAC, Bangladesh Rural Advancement Committee)의 사업은 전 세계적으로도 유명한 사례이다. 우리나라에서도 의료보건 분야에서 국제적 활동을 펼치고 있는 로즈클럽인터내셔널 또한 시민사회의 사회문제 해결을 보여주는 좋은 사례이다. 로즈클럽인터내셔널은 기독교인들을 중심으로 한 뇌전증 치료를 위한 모임에서 출발하였으나, 이후 우리나라뿐 아니라 동남아 지역 등에서 보건의료, 교육, 긴급구호, 이동진료, 봉사 활동에 이르기까지 그 범위를 넓혀 보다 다양한 활동을 전개하고 있다. 사회적 문제를 해결하기 위한 방향으로 단체의 성격과 정체성이 확장된 것이다.

'비영리 스타트업' 조직의 형성은 이러한 시민사회의 변화 방향을 그대로 보여주는 흐름이다. 비영리 스타트업이란 사회적 목적을 잃지 않고 공익과 가치 창출에 보다 집중하는 조직[7]으로서 기부 외 비영리적 수익 모델을 구축하여 조직과 사업의 지속가능성을 위한 자원을 마련하고, 조직 운영을 통해 창출한 수익을 다시 공익 활동에 투입함으로써 사회적 가치에 집중할 수 있는 형태이다. 즉, 기존 시민사회가 지닌 '비영리'의 정체성에 스타트업의 운영 방식과 비즈니스 모델에 대한 고민이 함께 반영된 것이라 볼 수 있다. 아동과 청소년에 대한 교육 사업을 폭넓게 진행하는 다음세대재단 또한 기존에 진행하던 청소년 대상의 교육 지원 사업을 실시하는 것에서 나아가 비영리 스타트업에 대한 인큐베이팅 투자와 함께 비영리단체들을 위한 미디어 및 IT 관련 지원사업 등 다양한 형태로 사업 영역을 다각화하고 있다. 시민사회의 강점을 활용하면서도 비판보다는 해결책을 제시하기 위한 방향으로 활동의 결을 바꾸고 있는 것이다. 지금까지 이루어졌던 정부나 기업의 비판적 견제자로서의 역할에서 한 발 나아가 보다 실천적인 문제 해결 활동을 전개하려는 접근을 통해 실질적인 사회문제 해결을 도모할 수 있고, 확대된 사회적 가치의 창출 또한 기대해 볼 수 있다.

사회적 기업, '대상' 중심의 활동에서 벗어나 '문제' 중심의 사업 영역을 개척하라

정부는 공공 영역, 기업은 시장 영역, 시민사회는 제3섹터에서 사회문제 해결에 도전하는 주요 주체이다. 반면 사회적 기업은 공공, 시장, 제3섹터의 특징을 모두 지닌 사회문제 해결사라고 볼 수 있다. 고용노동부의 '인증'과 정부로부터의 지원이 이루어진다는 점에서는 공공의 특징을 가지고 있지만, '기업'의 형태를 취하며 영리 활동을 통해 얻어진 수입을 사회적 목적을 위해 활용한다는 점, 그리고 사회적 경제의 개념적 위치가 제3섹터에 속한다는 점에서 사회문제 해결사로서의 사회적 기업은 차별화된 특징을 보인다. 사회적 기업의 사회문제 해결 현황 또한 '지역 간 문화격차 심화', '감염병 확산 및 대응 체계 부족' 등의 문제를 주요하게 다루고 있다는 점에서 다른 주체와 구별된다.

사회적 기업은 사회문제 해결을 목적으로 한 기업 활동이 이루어진다는

[그림 3.4] 사회적기업의 사회문제 해결

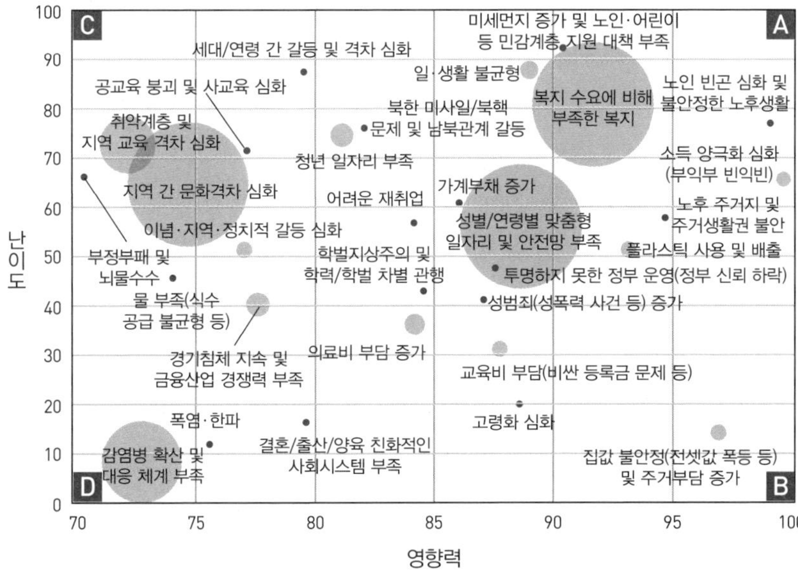

주: '부정부패 및 뇌물수수' 문제의 영향력은 70점, 소득 양극화 심화(부익부 빈익빈) 문제의 영향력은 100점이나, 가로축의 최솟값(70점)과 최댓값(100점)을 고려하여 그림에서 가로축 안쪽에 위치하도록 조정함

점에서 보다 실험적이고 혁신적인 시도들이 이루어질 수 있는 여지가 크다. 소셜벤처 등의 새로운 조직 유형이 이들의 혁신적 시도를 반영하는 좋은 예시이다. 그럼에도 불구하고 지금 사회적 기업의 문제 해결 노력이 이들의 정체성을 완전히 반영할 수 있는가에 대해서는 여전히 의문이 남는다. 특히 일자리 제공을 제외한 나머지 경제 영역의 이슈에 대한 해결 수준은 낮은 편이다. 물론 노인·여성·장애인 등 취약계층에 대한 맞춤형 일자리를 확대하고 이들의 경제·사회적 지위를 향상하고자 하는 노력은 매우 중요하지만, 이들의 차별화된 정체성, 그리고 새로운 시도를 담은 사회문제 해결은 여전히 필요한 상황이다.

그렇다면 사회적 기업의 활동은 어떠한 방향으로 진화되어야 하는가?

우리는 그에 대해 '대상' 중심이 아니라 '문제' 중심의 관점에서 출발할 필요가 있음을 제시하고자 한다. '푸드 업사이클링'을 시도한 스타트업 사회적 기업인 RE:harvest를 한 예로 들 수 있다.[8] RE:harvest는 맥주나 식혜를 만들고 남은 부산물로 에너지바를 만드는 음식 재활용을 사업 모델로 삼고 있다. 이는 선진국에서는 버려지는 음식물로 인한 음식물 쓰레기가 가장 큰 환경 문제인 반면, 개발도상국에서는 먹을 음식이 충분치 않아 '배고픔'이 가장 큰 사회문제에 해당한다는 점에 착안하여 '사회문제' 그 자체에 주목한 결과이다. RE:harvest의 경우 환경오염과 빈곤을 동시에 줄일 수 있는 해결책을 고안함으로써, 2019년 경기도 업사이클 플라자 공모전 대상, 아시아 최초 푸드 업사이클 협회 가입, 크라우드 펀딩 1위 등의 결과를 낼 수 있었다. '문제'에 대한 관심과 해결책을 중심으로 활동의 방향을 설정하는 것이 사회적 기업에 얼마나 중요한지를 보여주는 부분이다.

실제로 우수 사회적 기업의 사례로 제시되는 사회적 기업의 활동을 잘 들여다보면, 사회문제 해결, 그리고 문제 중심의 관점에서 사업과 활동을 재구성한 경우가 많다. 소형 폐가전제품을 재활용하거나 폐식용유를 연료화함으로써 자원낭비 문제를 해결하는 사회적 기업들은 환경오염과 자원고갈에 대한 문제의식에서 출발하여 사업 모델을 구상한 것이다. 유사하게 시민(조합원)들로부터 출자를 받아 공공기관 및 교육시설 건물 등을 임대, 설치 및 운영하는 시민참여형 태양광발전소를 운영하는 사회적 기업은 신재생에너지의 중요성과 기후변화 문제에 주목하고 이를 사회문제 해결과 연결시킨 예라고 볼 수 있다. 공정무역을 지원하거나 온라인 악성댓글을 줄일 수 있는 프로그램을 개발하는 한편, 유휴공간이나 노후화된 건축물을 개발하여 커뮤니티 공유공간을 만드는 사회적 기업들도 있다.

최근 사회적 기업을 중심으로 소셜 벤처 등 다양한 사회적 경제 조직에 기반한 리빙랩 프로젝트가 활성화되는 것 또한 '문제 중심의 사회문제 해결'로 나아가는 사회적 기업의 단면을 보여주는 예라고 볼 수 있다. 리빙랩(Living Lab)은 '살아있는 실험실' 또는 '일상생활 실험실'을 의미하는 것으로 주민이 주도하여 생활 속 사회문제를 발견하고 그 해결책을 설계함으로써 삶을 변화시키는 사회혁신 기법이다.[9 10] 리빙랩에서는 수요자와 참여자가 함께 상호작용하면서, 문제에 대한 '정의(define)'와 '대안(solution)'을 찾아나가는 특징을 갖고 있다. 그에 따라 문제 해결 전략 또한 실제 '문제' 그 자체에 초점을 두고 이를 실질적으로 해결할 수 있는 방향으로 설계되며, 그 과정에서 다양한 사회적 기업들이 참여하여 사회문제 해결을 위한 사업 영역을 탐색할 수 있다.

결국 어떠한 사회문제를 해결해야 하고 그것이 사회적으로 어떠한 의미를 지니는가에서 출발할 때 보다 효과적인 사회적 기업의 활동과 사회문제 해결을 담보할 수 있다. 사회적 기업의 사회문제 해결을 위한 접근도 이제 일자리 제공 위주의 노동집약적 문제 해결 활동이 아니라 다양한 분야에서 기업이나 정부, 시민사회와는 다른 이슈들을 해결하는 것으로 변화되어야 한다.

4부

상호 유기적으로 협력하라

1. 개방형: 지속적인 커뮤니케이션으로 협력을 유지하라
2. 몰입형: 측정을 통해 자원을 효율적으로 배분하라
3. 분화형: 공감대를 형성하여 문제 해결의 Volume을 높여라
4. 폐쇄형: 생태계를 지원하여 문제를 해결할 Player를 늘려라

● ● ●

집합적 임팩트 생태계를 구축하기 위한 마지막 단계는 사회문제 해결 주체들 간의 협력을 강화하는 것이다. '사회문제의 복잡계화'로 일컬어질 만큼, 사회문제가 점차 예측 불가능해짐에 따라 어느 한 주체가 독자적으로 문제를 해결하기 어려워졌기 때문이다.[1] 사회문제 해결 전문 집단으로서 정부, 기업, 시민사회, 사회적 기업의 역량 함양과 더불어, 특정 사회문제 중심으로 여러 주체들이 협력하는 것, 이른바 '따로 또 같이'의 전략을 통해 생태계가 확장되고 임팩트가 확대될 수 있다. 여기에서 중요한 사실은 각 주체들이 보유한 자원이나 역량을 극대화하는 노력도 협력을 통해 더 강화될 수 있다는 것이다. 사회문제 해결을 위해 상호작용하는 과정에서 각 주체들이 보유한 자원, 기술을 직접 주고받을 수도 있고, 서로의 강점을 학습할 수 있기 때문이다. 이를 통해 문제 해결 주체들은 자신의 강점을 더 강화하면서도 부족한 부분을 보완해 나갈 수 있다.

많은 연구들에서도 조직들 간의 네트워크 혹은 협력이 가치 창출 혹은 경쟁 우위를 점하는 데 도움이 된다고 설명한다.[2 3] 특히, 생태계 내에서 새로운 가치를 창출하고 공진화가 발생하는 과정은 주체들 간의 협력, 환경과의 상호작용 여부에 달려있다.[4] 그만큼, 협력의 과정이 생태계를 진화, 발전시키는 데 중요하다는 뜻이다. 따라서 4부에서는 생태계 내 '환경'에 해당하는 '사회문제' 유형과 비교하여, 영향력과 난이도가 높은 30대 주요 사회문제에 얼마나 많은 주체들이 참여하고 있는지를 살펴보고자 한다.

주체들 간의 협력의 정도를 정확히 파악하려면, 특정 사회문제를 중심으로 여러 주체가 함께 해결하는 프로그램이 있는지, 어떤 주체들 간에 협력이 진행되고 있는지, 그 수준이 어떠한지 등을 면밀히 조사하는 사례 연구가 필요하다. 하지만, 우리는 한국 사회의 시급하고도 중요한 30대 사회문제 해결에 얼마나 다양한 주체들이 뛰어드는지, 얼마나 높은 비중으로 참여하는지로 협력의 정도를 가늠하여 협력 생태계 유형을 제시하고자 한다. 우리의 목적은 주체들 간의 단순한 협력 구조를 제시하는 1차원적인 협력 모델을 넘어, 사회문제의 특성과 각 주체들이 지닌 역량에 맞게, 어떤 주체들이 해당 문제에 참여하고, 힘을 합쳐야 하는지 등 생태계 안에서의 다차원적인 협력 모델 및 방향을 제시하는 것에 있다. 즉, 우리 사회 전체에 흩어져 있는 중요하고도 시급한 사회문제 해결을 위한 집합적 임팩트 생태계를 그리는 것이 주된 목적이다. 그렇기 때문에 특정 사회문제 해결을 위해 누가 협력하고 있는지에 관한 개별 사례를 찾기보다는 협력 생태계 유형을 통해 우리나라 전체의 주체별 사회문제 해결 현황을 조망하고 진단하는 것에 주목했다.

1부에서도 언급한 것처럼, 2011년에 소개된 집합적 임팩트가 사실, 높은 성과를 거두지는 못했다. 많은 경우, 특정 사회문제를 해결하는 데 있어, 다른 섹터의 중요한 파트너가 누구인지 그들의 속성을 정확히 파악하는 과정을 생략했다. 해당 이슈에 직면한 사람들의 생생한 경험도 귀 기울이지 않았다.[1)] 또한, 서로 다른 주체들 간의 협력을 통해 무엇을 주고받을 수 있는지, 학습의 효과를 제대로 살펴보지 않았다.[5] '협력' 그 자체에만 초점을 맞춰왔기 때문에 집합적 임팩트가 더 큰 성과를 거두지 못한 것이다. 집합적 임팩트의 궁극적인 목적은 주체 간 '협력' 그 자체에 있기 보다는, '협력'의 방법을 통해 지금 이 시대의 복잡한 사회문제를 효율적이고

1) 우리는 이런 한계를 보완하기 위해 2부에서 사회문제의 유형을 도출할 때, '영향력'을 중요한 축으로 설정했다. 많은 사람들이 해당 문제에 대해 얼마나 심각하게 생각하는지도 문제 해결에 중요한 역할을 하기 때문이다.

효과적으로 해결하는 것에 있다. 따라서 '협력' 그 자체를 목적으로 하는 단기적이고 가시적인 관점에서 벗어나, 협력의 과정과 맥락, 그에 따른 효과 등을 생태계적 관점에서 전략적으로 탐색하는 것이 필요하다.[6] 이러한 시각에 따라 우리는 집합적 임팩트 생태계의 중요한 요소인 사회문제와 각 주체들의 특성에 맞게 협력의 방향과 미래를 제시하기 위한 협력 생태계 유형을 도출했다. 이를 통해 사회문제 해결을 위한 주체 간 협력의 가능성을 유추하고 진단했다.

첫째, 30대 사회문제별로 얼마나 다양한 주체들이 해당 사회문제를 해결하고 있는지를 살펴보았다.[2)] 정부, 시민사회, 기업, 사회적 기업이 비교적 균등한 비율로 사회문제를 해결하고 있다면, 협력의 가능성이 상대적으로 높다고 파악하였다. 다시 말해, '주체의 다양성'으로 협력의 수준을 가늠한 것이다. 이를 객관적으로 살펴보기 위해 30대 사회문제별로 각 주체들의 문제 해결 비율의 변이계수[3)] 값을 계산하였다. 그런데, 여기에서

2) 3부에서는 정부, 기업, 사회적 기업, 시민사회가 각각 30대 사회문제 전체를 해결했을 때의 비율을 100%로 가정하고 분석했다. 하지만, 특정 사회문제 해결을 위한 각 주체들의 노력을 비교하려면, 3부의 분석 방법을 그대로 사용해서는 안 된다. 만약, 4개 주체 모두가 특정 사회문제 하나를 해결하는 데 100%의 비율로 집중하게 되면, 문제 해결 총합이 400%가 되기 때문이다. 따라서 4부에서는 30대 사회문제를 해결하는 각 주체들의 노력 총합이 100%가 되도록 조정했다. 예를 들어, '소득 양극화 심화(부익부 빈익빈)' 문제를 해결하기 위해 정부 0.28%, 기업 4.12%, 사회적 기업 0.32%, 시민사회 0.12%의 노력을 보였지만, 본 분석에서는 원래 값의 1/4에 해당하는 0.07%, 1.03%, 0.08%, 0.03%의 값을 활용했다. 이러한 방법을 통해 4개 주체가 특정 사회문제 하나를 해결하는 데 모두 집중하더라도 문제 해결 총합이 100%가 나오도록 값을 조정한 것이다.

3) 변이계수(coefficient of variation, CV)는 표준편차를 산술평균으로 나눈 값으로, 그 값이 클수록 상대적인 차이가 크다는 것을 의미한다. 변이계수의 값이 크다는 것은 일부 주체가 문제 해결에 집중하고 있어, 주체별로 문제를 해결하는 정도에 차이가 큼을 뜻한다. 이에, 변이계수의 값을 계산하여 주체별 다양성 정도를 살펴봤다. 이를 위해 30대 사회문제별로 4개 주체의 문제 해결 비중 평균과 표준편차를 구한 후, 표준편차를 평균으로 나눈 변이계수 값을 계산했다. 예를 들어, '가계부채 증가' 문제를 해결하기 위해 정부, 기업, 사회적 기업, 시민사회가 투입한 노력은 각각 0.2%, 0%, 0%, 0.01%였고, 이 4가지 값에 대해 평균(0.05%)과 표준편차(0.08%)를 구한 후, 표준편차를 평균으로 나눈 값인 변이계수(1.63)를 도출했다. 여기에서 변이계수 값이 작을수록 4개 주체가 문제 해결에 고르게 참여하고 있음을 의미하므로 '주체의 다양성'이 높은 것으로 해석했다.

주의해야 할 점이 있다. 아무리 4개 주체가 다양하게 사회문제 해결에 참여하고 있다고 해도 전체 사회문제 해결 비중 자체가 낮으면 사회문제 해결의 효과는 매우 미미하다. 따라서 정부, 시민사회, 기업, 사회적 기업 전체가 특정 사회문제 해결에 얼마나 기여하고 있는지를 의미하는 '해결의 집중도'도 함께 살펴보았다.

30대 사회문제별로 '주체의 다양성'과 '해결의 집중도'를 분석한 결과, 협력의 수준 혹은 그 가능성이 높은 영역과 그렇지 않은 영역으로 구분할 수 있었다. 협력의 가능성이 높은 사회문제 영역은 정부, 시민사회, 기업, 사회적 기업 등 다양한 주체가 비교적 균등한 비중으로 사회문제를 해결하고 있으면서도 이들 각각이 사회문제 해결에 참여한 비율의 총합인 해결의 집중도도 높다. 우리는 이 유형을 '개방형'이라 명명했다. 다양한 주체가 사회문제 해결에 집중하고 있기 때문에 협력의 가능성이 열려있다고 보았다. 분석 결과, '개방형'에 해당하는 사회문제는 3개로 가장 적었다.

반면, 협력이 잘되고 있지 않은 영역에는 3가지 유형이 포함된다. 첫째, 정부, 시민사회, 기업, 사회적 기업 중 일부 주체가 편향되게 문제 해결에 참여하고 있는 사회문제 영역이다. 여기에는 '해결의 집중도'가 높은 유형과 낮은 유형이 모두 포함된다. 그중 전자에 해당하는 유형, 즉, '주체의 다양성'은 낮은데 '해결의 집중도'가 높은 유형을 '몰입형'으로 부르고자 한다. 특정 사회문제에 특정 주체가 집약적으로 몰려있기 때문이다. 이 유형에는 전체 30개 사회문제 중 6개 사회문제가 속했다. 둘째, 4개 주체가 비교적 균등하게 사회문제를 해결하는 것처럼 보이지만, 문제 해결의 집중도 자체가 매우 낮은 사회문제 영역이다. 우리는 이 유형을 '분화형'으로 명명하고자 한다. 여러 주체가 분절적으로 문제 해결에 참여하고 있기 때문이다. 30개 사회문제 중 10개 사회문제가 '분화형'에 포함됐다. 마지막으로 '주체의 다양성'도 낮고 '해결의 집중도'도 낮은 경우이다. 이는 4개 주체들 간의 협력도 저조하고 문제 해결 노력도 매우 낮아, 가장 시급한 개선이 필요한 유형이라 할 수 있다. 이 유형을 '주체의 다양성', '해결의 집중도'가 모두 높은 '개방형'과 반대되는 '폐쇄형'으로 부르고자 하며, 여기에 가장 많은 11개의 사회문제가 포함됐다.

'주체의 다양성' 수준과 '해결의 집중도' 수준의 높고 낮음을 구분하기 위해 30대 사회문제를 해결하는 4개 주체의 변이계수와 문제 해결 노력 총합의 평균을 각각 계산했다. 30대 사회문제 전체 변이계수의 평균보다 낮으면, '주체의 다양성'이 높은 것으로, 4개 주체별 문제 해결 비중 총합의 평균보다 높으면, '해결의 집중도'가 높은 것으로 분류했다.[4]

[표 4.1] 협력 생태계의 유형

유형	주체의 다양성	해결의 집중도	개수(비율)
개방형	高	高	3개(10%)
몰입형	低	高	6개(20%)
분화형	高	低	10개(33.3%)
폐쇄형	低	低	11개(36.7%)

그럼, 이제부터 협력 생태계의 4가지 유형에 어떤 사회문제가 속하는지, 이의 해결을 위해 어떤 주체들이 참여하고 있는지 살펴보자. 이를 토대로 사회문제 해결 효과를 높이기 위한 협력의 방향과 그에 필요한 전략들도 함께 제시하도록 한다.

4) '주체의 다양성'을 나타내는 변이계수의 평균은 1.25, '해결의 집중도'를 나타내는 문제 해결 비중 총합의 평균은 3.33%이다.

1. 개방형: 지속적인 커뮤니케이션으로 협력을 유지하라

협력 생태계 유형 중 협력의 가능성이 가장 높은 개방형의 사회문제 영역부터 살펴보자. 이는 각 주체들의 사회문제 해결 비중이 균등하고(변이계수 1.25 이하), 이들의 사회문제 해결 비율 총합도 3.33% 이상으로 높은 경우가 해당된다. 영향력과 난이도 기준으로 사회문제 영역을 4가지 유형으로 구분했을 때, 주체 간 협력의 가능성이 높은 개방형의 사회문제로는 A 영역에 1개, C 영역과 D 영역에 각각 1개가 있었다. 영향력과 난이도가 모두 높은 A 영역의 문제로는 '복지 수요에 비해 부족한 복지'가 해당된다. 영향력은 낮지만, 난이도가 높은 C 영역에는 '취약계층 및 지역 교육 격차 심화' 문제가, 영향력과 난이도 모두 낮은 D 영역에는 '의료비 부담 증가' 문제가 있었다.

A 영역의 '복지 수요에 비해 부족한 복지' 문제는 해결의 집중도가 25%로 30대 사회문제 중 가장 높았고, 정부, 기업, 사회적 기업, 시민사회가 비교적 균등하게 참여하는 등 주체의 다양성(변이계수 0.6)이 높은 것으로 나타났다. 그중에서도 시민사회의 문제 해결 비중이 11.69%로 가장 높았고, 기업과 사회적 기업이 각각 6.19%, 6.25%의 비슷한 수준을 보였다. C 영역의 '취약계층 및 지역 교육 격차 심화' 문제는 해결의 집중도가 10.56%로 30대 사회문제 중 A 영역의 '복지 수요에 비해 부족한 복지' 다음으로 높았다. 이 경우, 기업의 문제 해결 비중이 7.99%로 가장 높았고,

사회적 기업 1.51%, 시민사회 1.02%의 수준을 보였다(변이계수 1.19). D 영역의 '의료비 부담 증가' 문제는 해결의 집중도가 4.78% 정도로 앞선 2가지 문제에 비해 낮지만, 주체의 다양성(변이계수 0.96)은 높았다. 의료비 문

[그림 4.1] 개방형에 속하는 A 영역의 사회문제

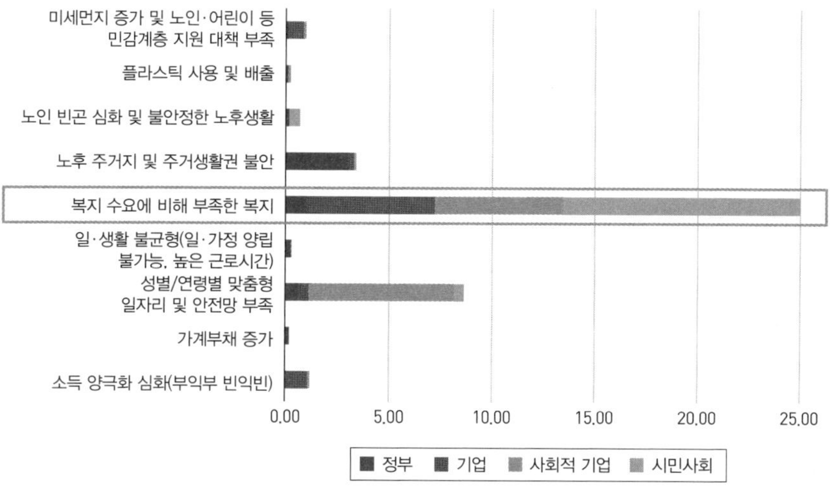

[그림 4.2] 개방형에 속하는 C 영역의 사회문제

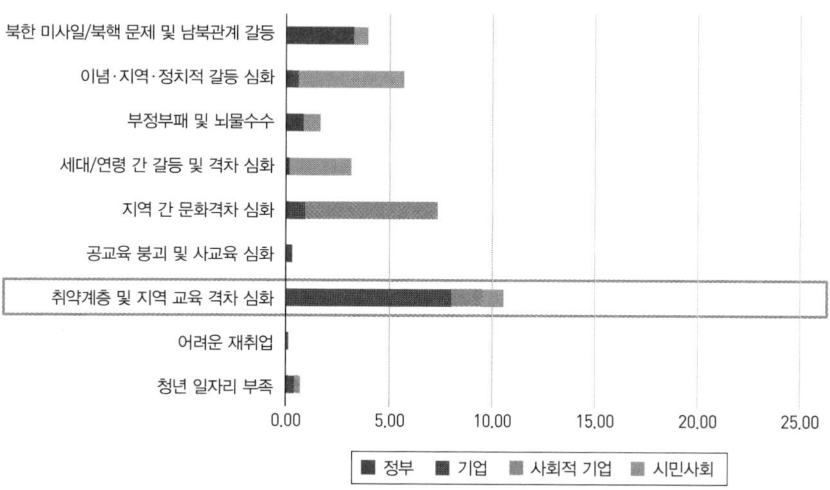

[그림 4.3] 개방형에 속하는 D 영역의 사회문제

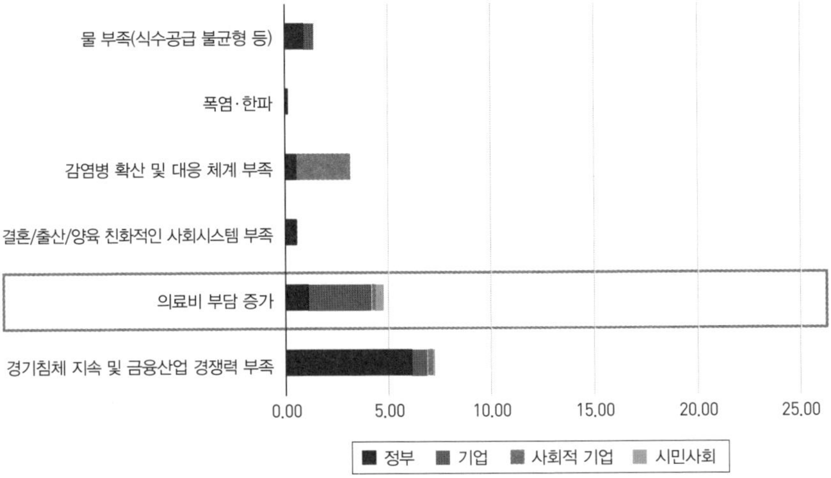

제 역시, 기업이 3.09%의 가장 높은 비율로 문제 해결에 참여하고 있었다. 이상의 결과들은 사회공헌 사업의 일환으로 많은 기업들이 취약계층에게 의료비나 교육비를 지원하고 있기 때문으로 보인다.

지금까지의 분석 내용을 보면, 복지, 교육, 의료비(보건)와 같이, 전통적인 사회문제 영역에 속하는 경우, 여러 주체들이 해당 문제를 해결하기 위해 적극적으로 노력하고 있음을 알 수 있다. 특히, A 영역의 사회문제들은 영향력과 난이도가 높기 때문에 다른 영역에 비해 여러 주체들이 함께 힘을 합쳐야 한다. 그럼에도, A 영역에 속하는 사회문제 9개 중 1개 문제에만 다양한 주체들이 참여하는 것으로 나타나 향후 A 영역에 더 많은 주체들의 참여와 협력이 이뤄질 수 있도록 개선이 필요하다.

바람직한 협력의 방향을 사례를 통해 살펴보자. SK텔레콤은 최근, 제주도 서귀포시, 한국전력과 함께 전력, 통신 데이터 분석 시스템을 활용해 취약계층 고독사를 예방하는 '1인 가구 안부 살핌' 서비스를 시작했다. AI 기반 솔루션을 통해 가정 내 전력 사용 패턴 분석 결과를 시간대별 통화, 문자 발신 여부, 데이터 사용량 등의 통신 데이터와 결합하여 이상 상황을 감지하는 방식이다. 만약, 이상 상황이 감지되면, 서귀포시의 복지 담당자에게 자동으로 알려줌으로써 1인 가구의 고독사를 예방할 수 있다.[7] 취약계층 1인 가구의 고독사 문제는 '복지 수요에 비해 부족한 복지' 문제에 해당하지만, 보편적인 복지 문제는 아니기 때문에 정부가 놓치기 쉬운 사각지대에 속한다. 이 사례는 기업의 역량, 자원을 활용하여 정부가 해당 문제에 선제적으로 대응하기 어려웠던 한계를 보완해 나가는 바람직한 협력의 방식을 보여준다. 이러한 사례들이 복지 문제 외에도 A 영역에 있는 다양한 문제들로 확대되어야 할 것이다.

Continuous Communication,
지속적인 커뮤니케이션으로 협력을 유지하라

다양한 주체들이 높은 비중으로 문제 해결에 참여하고 있는 '복지', '교육', '의료(보건)' 문제의 경우, 지금과 같은 바람직한 상태를 계속 유지하면서도 협력을 강화하기 위한 전략이 필요하다. 현재, '복지', '교육', '의료(보건)' 문제는 이들 각각에 대한 전문성이 높은 특정 주체가 중심이 되어, 다른 주체들과의 적극적인 협업이 가능한 토대를 마련하고 있다는 점에서 긍정적이다. 이를 유지하기 위해서는 Kania & Kramer(2011)가 제시한 집합적 임팩트 실현의 5가지 조건 중 'Continuous Communication', 즉, 지속적인 커뮤니케이션 전략이 요구된다.

'복지', '교육', '의료(보건)' 문제는 과거부터 존재해 왔고, 시대가 변화해도 계속해서 중요한 영향을 미치는 사회문제가 될 가능성이 높다. 의료(보건) 문제의 경우, 영향력과 난이도가 상대적으로 낮은 문제에 속하기는 하지만, 가장 기본적인 복지/사회서비스 정책에 해당하기 때문이다. 따라서 정부가 오랫동안 해결해 왔던 전통적인 사회문제 영역에 속하는 이상의 3가지 문제들에 자칫 놓치기 쉬운 사각지대가 존재할 가능성이 높아, 풍부한 자원과 혁신을 동원할 수 있는 다양한 주체들 간의 참여가 필요하다.[8]

이때, 다양한 주체들이 함께 뾰족한 대안을 찾기보다는 적응적 문제 해결(adaptive problem solving) 능력을 키우는 것이 요구된다. 당장의 결과보다 한 단계 한 단계 진화해 나가는 것이 더 중요하다는 뜻이다. 이를 위해서는 문제 해결에 참여하는 주체들 간의 지속적인 커뮤니케이션으로 각자의 활동에 대한 피드백과 그에 따른 적절한 대응이 원활히 이뤄져야 한다.[9]

이상의 3가지 문제는 어느 국가, 시대, 사회에나 존재할 법한 가장 기본적이고 보편적인 문제라서 자칫 잘못하면, 타성에 젖은 채 문제 해결에 참여하는 매너리즘에 빠질 가능성이 높다. 따라서 참여 주체들 간의 지속적인 커뮤니케이션으로 활발한 피드백과 상호 학습을 통한 단계적 진전이 필히 이뤄져야 할 것이다.

2. 몰입형: 측정을 통해 자원을 효율적으로 배분하라

두 번째 유형인 몰입형은 주체의 다양성은 낮지만, 각 주체들의 사회문제 해결 비중 총합에 해당하는 해결의 집중도는 높은 경우이다. 사회문제 해결 비중이 전체적으로 높은 것은 바람직하지만, 특정 주체가 주도적으로 문제를 해결하고 있다는 사실은 협력 생태계가 원활히 작동하지 않아 협력의 가능성이 낮음을 의미한다.

각 주체들의 문제 해결 집중도가 3.33% 이상을 차지하는 사회문제 중에서 주체의 다양성이 낮은 사회문제(변이계수 1.25 초과)들은 협력의 정도가 높은 개방형과 동일하게 A, C, D 3개 영역에 존재한다. A 영역에 2개, C 영역에 3개, D 영역에 1개 문제가 포함된다. 특히, 영향력은 낮지만 난이도가 높은 C 영역의 사회문제가 가장 많았다. 가장 이상적으로는 영향력과 난이도 모두 높은 A 영역에서 문제 해결의 집중도도 높아야 한다. 하지만, 문화, 이념/정치/남북 갈등 문제 등 오랫동안 문제가 해결되고 있지 않은 난이도가 높은 문제들이 C 영역에 많이 포함되어 있기에, 이 영역에 문제 해결을 위한 주체들의 참여가 비교적 활발한 것으로 보인다.

사회문제 영역별 현황을 살펴보자. A 영역 중에서는 '노후 주거지 및 주거생활권 불안', '성별/연령별 맞춤형 일자리 및 안전망 부족' 문제가 해결의 집중도는 비교적 높으나, 정부 주도 혹은 사회적 기업 주도로 해당 문제를 해결하고 있는 것으로 나타났다. 앞서도 설명했듯이, A 영역의 경

[그림 4.4] 몰입형에 속하는 A 영역의 사회문제

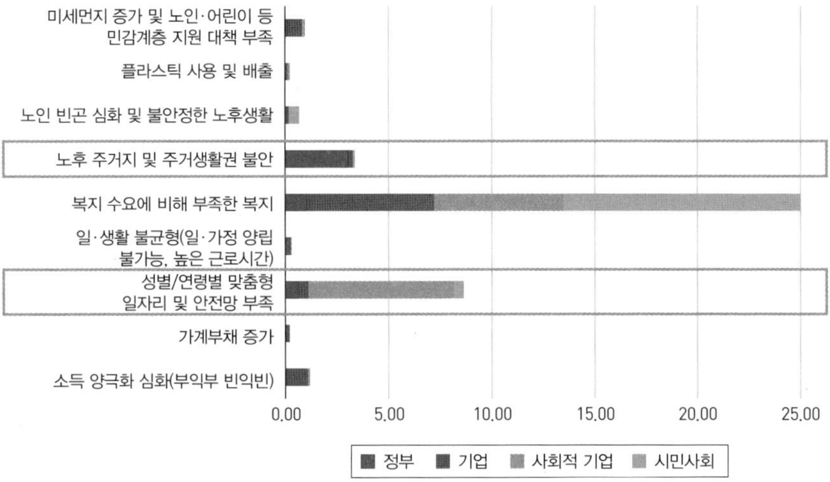

우, 영향력과 난이도 모두 높아, 여러 주체들의 협력이 필요하다. 하지만, 최근의 사례들을 보더라도, 노후 주거지 문제를 해결하는 도시재생사업은 주로 지자체, LH 등 공공기관들이 참여하는 형태로 진행되고 있다.[10] [11] 해외의 경우에는 이런 노후 주거지 문제를 해결하는 데 사회적 기업이 적극 참여하는 사례도 발견된다. 일본의 사회적 기업 고토랩은 요코하마 고토부키 지역의 쇠락으로 발생한 빈 방 문제를 해결하기 위해 빈 방을 호스텔로 개조하여 젊은 여행객들을 끌어들였다.[12] 우리나라에서도 해당 문제를 해결하는 데 창의적인 아이디어를 가진 다양한 주체들이 참여하는 것이 필요해 보인다. 일자리 문제의 경우에는 노후 주거지 문제와 달리, '일자리 창출'에 특화되어 있는 사회적 기업이 중심이 되어 해당 문제를 해결하고 있었다. 일자리 문제는 기업의 사회적 책임 중 경제적 책임에도 해당하기 때문에 기업들도 이 문제 해결에 적극 참여할 필요가 있다.

C 영역 중에서는 '지역 간 문화격차 심화', '이념/지역/정치적 갈등 심화', '북한 미사일/북핵 문제 및 남북관계 갈등' 문제가, D 영역의 경우, '경기 침체 지속 및 금융산업 경쟁력 부족' 문제가 몰입형에 해당된다.

[그림 4.5] 몰입형에 속하는 C 영역의 사회문제

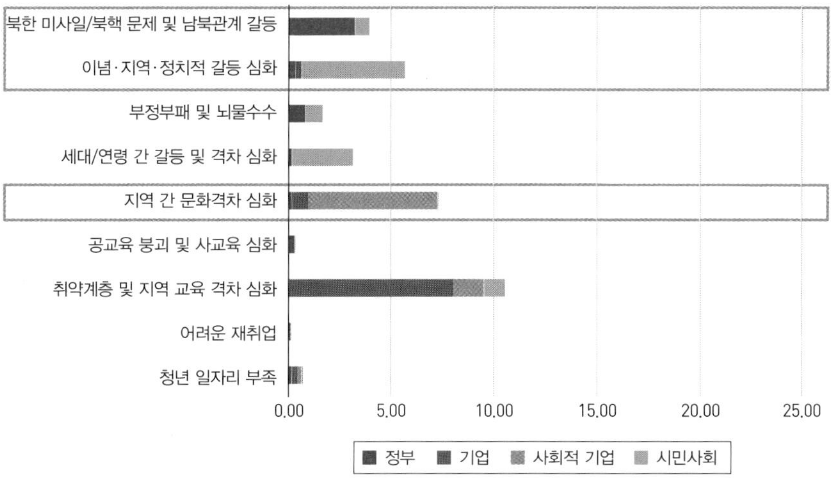

[그림 4.6] 몰입형에 속하는 D 영역의 사회문제

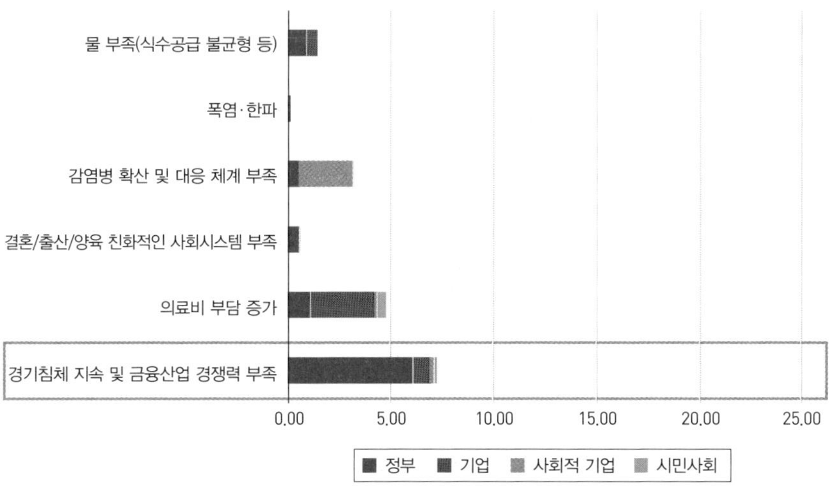

C, D 영역에는 사회적 기업이 주도하는 지역 간 문화 격차 문제, 시민사회가 주도하는 이념/지역/정치적 갈등 문제나 정부가 주도적으로 해결할 수 밖에 없는 '경기침체 및 금융산업', '북핵' 문제가 포함되어 있었다.

해당 문제의 특성을 고려했을 때, 이를 가장 잘 해결할 수 있는 주체들이 실제 문제 해결에도 주도적으로 참여함을 알 수 있다.

Shared Measurement, 측정을 통해 자원을 효율적으로 배분하라

각 주체들의 속성과 역량을 고려하여, 자신이 가장 잘 해결할 수 있는 사회문제에 적극적으로 참여하는 것은 바람직한 일이다. 하지만, 우리가 사회문제 유형을 4가지로 구분했듯이, 보다 시급하고 중요한 사회문제 해결에 다 같이 참여하고 협력할 필요가 있다. 특히, A 영역의 사회문제를 해결하기 위해 다양한 주체들의 참여와 협력이 시급하지만, 현재 그렇지 못한 상황이다. 정부, 기업, 사회적 기업, 시민사회 각자 사회문제를 해결할 자원과 역량의 총량은 한정되어 있다. 그럼에도, 각자 자신이 잘 해결할 수 있는 사회문제에만 집중하게 되면, 시급하면서도 중요한 사회문제의 해결은 요원해질 것이다. 따라서 자원을 효율적으로 배분할 수 있는 방법을 찾을 필요가 있다.

그 방법으로 우리는 Kania & Kramer(2011)가 제시한 집합적 임팩트 실현의 5가지 조건 중 'Shared Measurement'를 제안한다. 이는 모든 참여 주체들이 협력을 '성공'시키기 위해 협력을 통한 학습 혹은 향상된 정도를 측정하고 보고해야 한다는 것이다.[13] 우리는 이 'Shared Measurement'의 의미를 조금 변형하여 특정 사회문제 해결에 특정 주체가 집중되는 현상을 방지하고 더 많은 협력 체계를 구축하기 위한 전략으로 사용하고자 한다.

이를 잘 설명하는 대표적인 사례로 사회성과보상사업(SIB, Social Impact Bond)이 있다. 사회성과보상사업은 사회문제를 해결하기 위해 민간의 자본, 인력, 기술 등을 투자받아 공공사업을 수행하는 데, 정부나 지자체가 그 사업의 성과에 따라 투자자들에게 투자금과 인센티브를 제공하는 것을 의미한다.[14] 현재, 30개 국가에서 사회성과보상사업을 도입했고 서울시에서 2017년, 아시아 최초로 이 사업을 진행했다. 서울시에서 시행한 사회성과보상사업의 대상은 '서울시 아동복지시설 내 경계선지능장애 아동 100명'이다. 지능지수가 71~84인 경계선지능장애 아동들은 일반 아동들에 비해 취약계층이 될 확률이 높고 방치될 경우, 지적장애(지능지수 70 이하)로 이어지는 경우가 많다. 하지만, 이들은 장애인으로 분류되지 않는 정책의 사각지대에 속한다. 이에 서울시가 예산을 집행하고 팬임팩트코리아가 자금을 관리하는 운영기관으로, 대교문화재단이 프로그램을 기획, 제공하는 사업수행기관으로 참여했다. 3년간 경계선지능장애 아동들을 위한 교육 프로그램을 제공한 결과, 절반 이상(52.7%)이 인지능력 및 사회부적응행동 지표가 개선되는 성과를 거두는 등 초기 설정한 목표(42%)보다 높은 성과를 달성했다.[15] 민-관 협력을 통해 사회문제를 해결하는 대표적인 방법으로 자리매김한 사회성과보상사업은 민간이 제공하는 프로그램의 성과를 측정하고 그 결과에 따라 정부의 예산이 집행된다는 점에서 정부의 자원과 사회적 비용을 절약할 수 있다.

위의 사례처럼, 문제 해결의 성과를 측정하다 보면, 자원의 효율성이 높아져 줄어든 자원을 좀 더 시급하면서도 중요한 사회문제, 특히, A 영역의 문제를 해결하는 데 활용할 수 있다. A 영역보다 우선순위에서는 밀리지만, C 영역도 난이도가 높은 영역에 속하기 때문에 지금보다 많은 주체들의 참여가 필요하다. 영향력과 난이도 모두 낮은 D 영역 역시, 창의적인 실험과 다양한 시도들이 뒷받침되어야 하기 때문에 여러 주체들의 협력이 이뤄져야 한다. 따라서 각 주체들이 사회문제 해결에 기여한 정도를 주기적으로 측정하여 자원을 효율적으로 배분하는 전략을 통해 다양한 사회문제 영역에서 협력이 이루어질 수 있도록 해야 할 것이다.

3. 분화형: 공감대를 형성하여 문제 해결의 Volume을 높여라

세 번째 유형인 분화형은 비교적 다양한 주체가 사회문제 해결에 참여하고 있지만, 각 주체들의 사회문제 해결 비중 총합, 즉, 해결의 집중도는 낮은 경우이다. 두 번째 유형인 몰입형의 특성과 상반된다. 분화형의 경우, 언뜻 보면 협력의 가능성이 높다고 생각할 수 있지만, 사회문제 해결을 위한 주체들의 참여 비율이 워낙 낮아 집합적 임팩트 생태계를 구축하기에는 역부족이다. 분화형에 속하는 사회문제들은 이의 해결을 위한 각 주체들의 참여 비율 총합인 해결의 집중도가 3.3% 미만이면서 주체의 다양성 정도를 나타내는 변이계수가 1.25 이하인 경우를 기준으로 도출했다. 여기에는 A 영역 3개, B 영역 3개, C 영역 3개, D 영역 1개 문제가 포함된다.

A 영역에는 '미세먼지 증가 및 노인/어린이 등 민감계층 지원 대책 부족', '플라스틱 사용 및 배출', '노인 빈곤 심화 및 불안정한 노후생활' 문제가 있었다. B 영역에는 '성범죄(성폭력 사건 등) 증가', '고령화 심화', '집값 불안정(전셋값 폭등 등) 및 주거 부담 증가' 문제가, C 영역에는 '부정부패 및 뇌물수수', '어려운 재취업', '청년 일자리 부족' 문제가 분화형에 속한다. D 영역에서는 '물 부족(식수공급 불균형 등)' 문제가 포함된다.

A 영역의 '플라스틱 사용 및 배출' 문제는 해결의 집중도가 0.24%로 매우 낮았다. 이는 A 영역의 문제 중 네 번째 유형, 즉, 폐쇄형에서 살펴볼

'가계부채 증가' 문제(0.21%) 다음으로 가장 낮은 수치이다. 플라스틱 문제를 해결하기 위해 정부, 사회적 기업, 시민사회가 비교적 균등하게 노력하고 있기는 하나(변이계수 0.63), 이들의 문제 해결 비중 총합이 0.24%밖에 안 된다는 것은 아직까지 그 효과가 크지 않음을 의미한다. 플라스틱 문제는 특히, 30대 사회문제 중 영향력 점수가 5번째로(93점) 높아, 관련 문제 해결을 위한 노력이 더 확대되어야 한다. '미세먼지 증가 및 노인/어린이 등 민감계층 지원 대책 부족' 역시, 해결의 집중도가 0.98%로 낮았다. 그중 기업의 참여 비율이 0.77%로 가장 높았고, 정부, 사회적 기업, 시민사회가 비교적 고르게 문제 해결에 참여하는 것으로 나타났다(변이계수 1.24). 미세먼지 문제의 경우, 30대 사회문제 중 난이도가 87점으로 가장 높았

[그림 4.7] 분화형에 속하는 A 영역의 사회문제

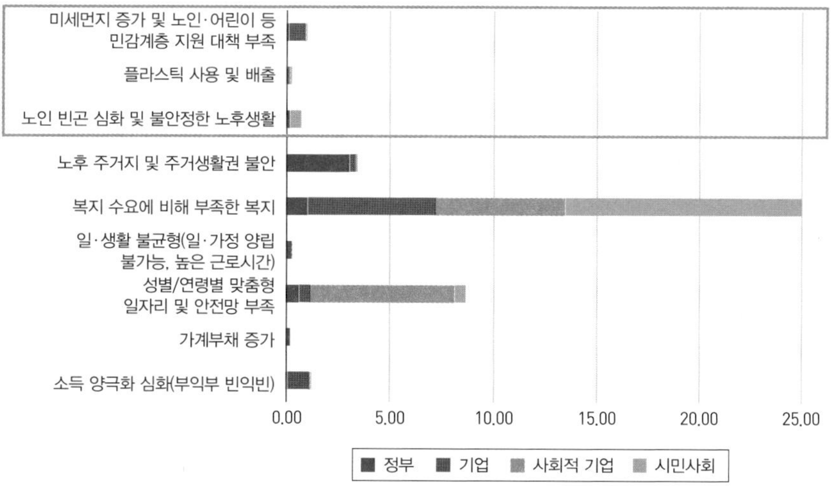

[표 4.2] 주체별 문제 해결 수준(A 영역, 분화형) (단위: %)

	정부	기업	사회적 기업	시민사회	총합
미세먼지	0.10	**0.77**	0.08	0.03	0.98
플라스틱	**0.10**	0	0.08	0.06	0.24
노인 빈곤	0.17	0	0	**0.53**	0.70

고, 현재 영향력(86점)보다 미래 영향력(93점)이 훨씬 큰 것으로 나타나 앞으로 이 문제에 더욱 주목할 필요가 있다. '노인 빈곤 심화 및 불안정한 노후생활' 문제도 해결의 집중도가 0.7%로 매우 낮았다. 그중 시민사회가 0.53%의 비중으로 가장 높았고, 정부는 0.17%의 비중을 보였다(변이계수 1.24). 노인 빈곤 문제는 30대 사회문제 중 영향력이 99점으로 2번째로 높았다. 난이도 역시 77점으로, A 영역 중 난이도가 4번째로 높은 문제에 해당한다. 그럼에도 노인 빈곤 문제 해결에 소극적인 현재의 상황은 향후, 고령화 심화에 따른 다양한 문제들에 선제적으로 대응하지 못하는 결과를 낳을 수 있다.

B 영역 중에서 분화형에 속하는 문제들은 대부분 새로운 사회문제로 부

[그림 4.8] 분화형에 속하는 B 영역의 사회문제

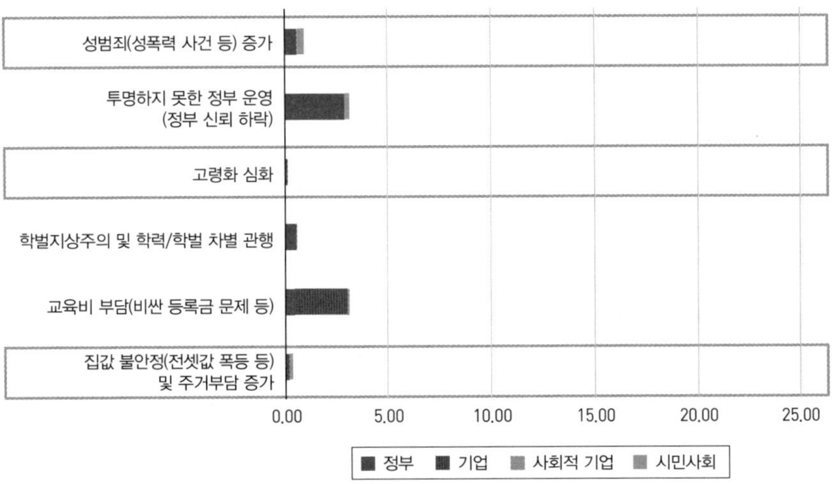

[표 4.3] 주체별 문제 해결 수준(B 영역, 분화형) (단위: %)

	정부	기업	사회적 기업	시민사회	총합
성범죄	**0.56**	0	0.03	0.35	0.94
고령화	**0.10**	0	0.03	0.01	0.14
집값 불안정	**0.17**	0	0.03	0.15	0.35

각되는 이슈들이었다. 특히, 고령화 심화 문제는 향후 심각해질 '미래 사회문제'로 많은 주목을 받아왔지만, 이 문제를 해결하기 위한 실질적인 노력은 매우 저조한 것으로 나타났다. 고령화 심화 문제가 30대 사회문제 중 네 번째 유형, 즉, 폐쇄형에서 살펴볼 D 영역의 '폭염·한파' 문제(0.13%) 다음으로 가장 낮은 수준의 문제 해결 노력을 보이고 있기 때문이다. 또 한 가지 주목할 만한 사실은 B 영역의 3가지 문제 모두 이를 해결하는 기업의 노력은 찾아볼 수 없다는 것이다. 이는 기업의 사회공헌 활동으로 문제 해결 노력을 분석했기 때문으로 보인다. 최근, 기업이 가진 기술을 활용하여 성범죄 문제나 고령화 심화로 인한 노인 우울증 문제를 해결한다는 뉴스나 기사들을 많이 접해보았을 것이다.[16 17 18] 하지만, 아직 시작에 불과

[그림 4.9] 분화형에 속하는 C 영역의 사회문제

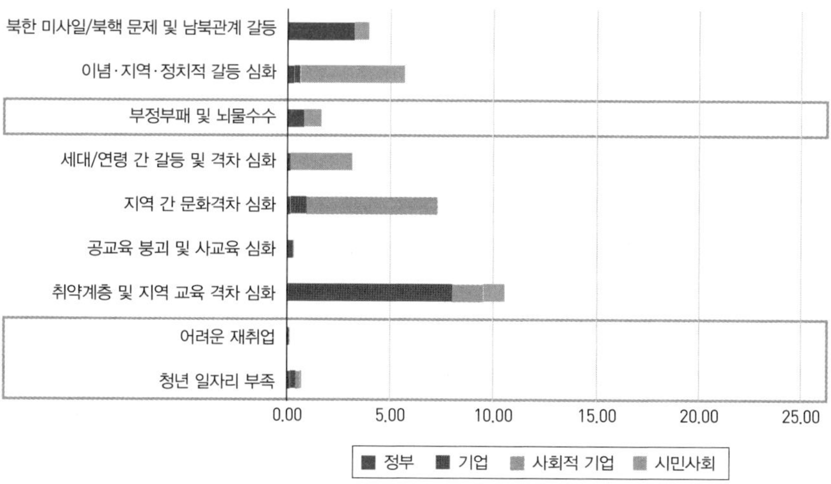

[표 4.4] 주체별 문제 해결 수준(C 영역, 분화형) (단위: %)

	정부	기업	사회적 기업	시민사회	총합
부정부패	**0.83**	0	0	0.82	1.65
재취업	**0.10**	0	0.03	0.01	0.14
청년 일자리	0.17	**0.26**	0.23	0.06	0.72

하여 관련 노력이 보다 더 활발해질 필요가 있다.

분화형에 속하는 C 영역의 문제들은 일자리 문제와 부정부패 문제로 구분 가능하다. 그중 재취업 문제는 B 영역의 고령화 문제와 같은 0.14%의 문제 해결 비중을 보이고 있어, 그 노력의 정도가 매우 낮음을 알 수 있다. 청년 일자리 부족 문제는 다른 문제들과 달리, 문제 해결을 위해 정부, 기업, 사회적 기업, 시민사회 모두가 참여하고 있어, 주체의 다양성은 매우 높았다(변이계수 0.42). 그중 청년 채용과 직결되어 있는 기업의 참여 정도가 비교적 높은 것으로 나타났다. 부정부패 문제의 경우, 정부와 시민사회가 거의 동일한 비중으로 문제 해결에 뛰어들고 있었다. 부정부패 문제는 국정 운영 과정에서 비롯되기 때문에 정부의 역할이 클 수 밖에 없다. 시민사회 역시, 이 문제에 대해 오래전부터 비판하고 그 해결을 촉구

[그림 4.10] 분화형에 속하는 D 영역의 사회문제

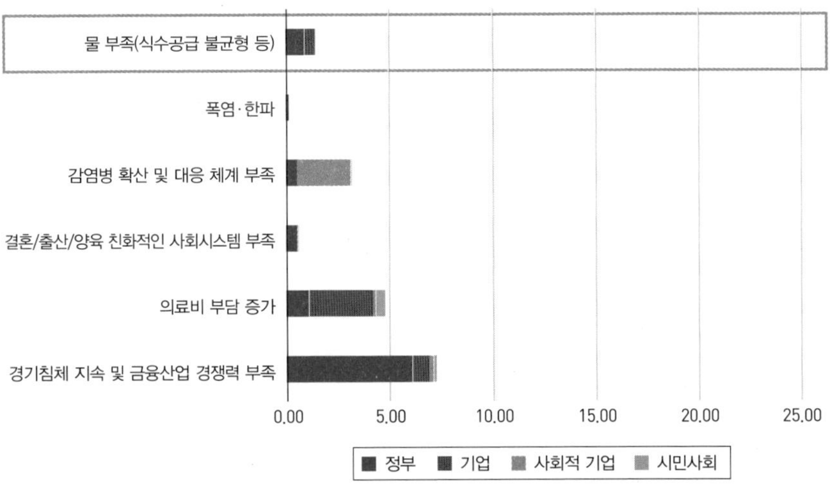

[표 4.5] 주체별 문제 해결 수준(D 영역, 분화형) (단위: %)

	정부	기업	사회적 기업	시민사회	총합
물 부족	**0.90**	0.52	0	0.02	1.44

해 왔기 때문에 이들의 역할도 비교적 큰 것으로 보인다. 하지만, 전체 비중이 워낙 낮아 큰 효과는 기대하기 어렵다.

D 영역 중에서는 물 부족 문제가 분화형에 속한다. 정부, 기업, 사회적 기업이 관련 문제를 해결하고 있었다. 하지만 그 비율을 보면, 정부와 기업 중심으로 물 부족 문제 해결에 참여하고 있다고 보아도 무방하다. 물 부족 문제는 D 영역의 문제들 중 가장 난이도가 높고, 현재 영향력(66점)에 비해 미래 영향력(82점)이 매우 높아, 이 문제의 심각성에 대해 각자가 더 많은 관심을 가질 필요가 있다.

전반적으로 분화형에는 미세먼지, 플라스틱, 물 부족 문제 등 최근, 전 세계에서 주목하고 있는 환경 문제나 고령화 문제, 노인 빈곤 문제 등 사회구조 변화에 따른 새로운 사회문제들이 대거 포함되어 있는 것으로 나타났다. 기존에 경험하지 못했던 새로운 사회문제들이다 보니, 각자 조금씩 문제 해결에 참여하고는 있지만, 그 정도가 워낙 낮아 효과성을 논하기 어려운 상황이다.

Common Agenda, 공감대를 형성하여 문제 해결의 Volume을 높여라

분화형은 비교적 다양한 주체가 문제 해결에 참여하지만, 해결의 집중도 자체가 높지 않은 경우이다. 이 상황에서 주체들 간의 협력 수준을 높이려면, 해당 문제들의 중요성을 적극 공감하는 정부, 기업, 사회적 기업, 시민사회의 비중부터 늘려야 한다. 그 구체적인 방법으로 우리는 Kania & Kramer(2011)가 제시한 집합적 임팩트 실현의 5가지 조건 중 'Common Agenda'를 제안하고자 한다. 당면 문제에 대한 공통의 이해를 바탕으로 공통의 액션을 취해야 한다는 것이다.[19]

분화형을 대표하는 환경 문제를 예로 들어보자. 환경 문제는 소유 주체나 권한의 범위가 불분명한 공유 자원을 무분별하게 사용할 때 발생한다. 이를 공유지의 비극이라 부르며, 이때 제3자에게 의도치 않게 피해를 입히는 외부효과가 발생한다.[5)] [20] 그런 점에서 환경 문제로 인한 피해자, 즉, 이해관계자가 매우 광범위하고, 이들이 환경 문제에 대해 이해하는 바도 각기 다르다. 공장이나 폐기물 처리장 등과 인접한 지역에 거주하는 주민들은 직접적으로 피해를 겪기 때문에, 관련 문제의 심각성에 대해 체감하는 정도가 일반 국민들에 비해 더 크다. 그래서 이해관계자 모두를 충족시키는 활동을 펼치기 어렵다.

환경 문제를 해결하는 사회 주체들 역시, 문제에 대한 이해 수준이나 접근 방식이 다르다.[21] 기업의 경우, 경제 활동과 직결되기 때문에 환경 문제 해결에 소극적이다.[6)] 그래서 기업과 시민사회는 환경 문제에 있어서 만큼은 대립되는 측면이 많다. 정부의 경우, 환경 오염을 규제해야 하는 입장에 있기 때문에 기업과 대립각을 세우기도 하지만, 규제 정치에 따라 기업에게 유리한 환경 정책을 만들기도 한다. 후자의 경우, 정부나 기업은 시민사회로부터 엄청난 비판을 받게 된다. 여타 사회문제와 달리 환경 문제의 경우, 이를 해결하는 데 있어 좀처럼 입을 모으기가 쉽지 않다. 그만큼 여러 이해(interest)가 얽혀 있어, 각 주체들은 환경 문제 해결에 형식적으로 동참은 하나, 그다지 적극적이지 않을 수 있다.[22] 이처럼 환경 문제는 그 심각성이나 파급효과 등에 대한 각 주체들의 이해도도 다르고, 입장 차도 크다.

다행스러운 사실은 최근 환경 문제의 심각성에 대한 전 세계적인 공감대가 형성되고 있다는 점이다. 2019년 12월, EU는 2030년, 온실가스 감축 목표를 기존 40%에서 50%로 상향하여 2050년, 탄소 중립(carbon neutral)을 이어가겠다고 선언, 이의 실현을 위한 탄소중립기본법이 2022년 3월 25일부터 시행된다. 이를 시작으로 미국, 중국, 일본에서도 탄소 중립을 선언했고, 우리나라도 '그린 뉴딜'에서 한발 더 나아간 「2050년 대한민국 탄소

5) 물 부족, 자원 고갈, 각종 오염 문제 등이 그 대표적인 예이다.

6) 기업은 주로 환경 문제 해결을 위해 보편적 규범에 대응하는 차원의 표면적인 활동들을 해왔다. 이에 대해 환경 단체들은 '그린 워싱(green washing)'이라고 비판해 왔다.

중립 비전」을 선언했다. 환경 문제가 글로벌 아젠다로 선정될 만큼 그 심각성이 커졌고, 누구나 그 심각성을 공감하고 있는 상황이 된 것이다. 이해관계(interest)를 떠나 미래를 위해 지금부터 행동을 바꾸지 않으면 안 된다는 인식이 전 사회적으로 확산되면서 환경 문제에 관심을 갖는 비율도 조금씩 상승하고 있다.

대표적인 사례로 환경부, 외교부, 서울시, 수원시, SK텔레콤, KB금융그룹, 태광그룹, 스타벅스코리아, 달콤 등 총 23개 기관 및 기업이 참여하여 일회용 플라스틱컵 사용량 감소를 선도하고 일상생활에서 환경 보호를 실천하는 '해빗 에코 얼라이언스(ha:bit eco alliance)'를 들 수 있다. 플라스틱 문제의 심각성이 커지자, 이를 함께 공감하는 '해빗 에코 얼라이언스'가 만들어진 것이다. 이들의 첫 번째 활동은 커피 전문점에서의 텀블러 및 개인용 머그컵 사용을 권장하는 '해피 해빗(happy habit)' 프로젝트이다. ICT 기반으로 참여자들의 실적을 관리하고 그 실적에 따라 차별화된 혜택을 제공함으로써 많은 사람들의 탈플라스틱 실천을 도모한다. 각 주체들의 문제 해결 노력을 확대시키는 데, 관련 문제에 대한 공감이 필요함을 잘 보여준다.

환경 문제를 예로 들어 설명하기는 했지만, 분화형에 속하는 다른 문제들도 대부분 그 문제의 중요성을 모두가 100% 공감하지 못해, 문제 해결에 소극적이라고 볼 수 있다. 주로 새롭게 떠오르는 문제들이 분화형에 대거 포함되어 있기 때문이다. 이때 필요한 것은 모두가 그 문제를 중요하게 공감할 수 있게 만드는 것이다. 그 방법은 강제적인 규제가 될 수도 있고, 연성적인 가이드라인이 될 수도 있고, 의식 전환을 위한 교육이나 공론화 작업이 될 수도 있다. 모두가 문제의 중요성을 공감할 수 있도록 다양한 방법을 활용하여 공통의 이해를 가지고 문제 해결에 더 적극적으로 참여할 수 있게 만들어야 한다. 이때 진정한 의미에서의 집합적 임팩트 실현을 통한 생태계 확장이 가능해질 것이다.

4. 폐쇄형: 생태계를 지원하여 문제를 해결할 Player를 늘려라

네 번째 유형은 문제 해결 주체의 다양성도 낮고 각 주체들의 문제 해결 비중 총합인 해결의 집중도도 낮은 폐쇄형이다. 협력의 가능성은 물론, 문제 해결의 효과도 가장 낮은 유형이라 볼 수 있다. 폐쇄형에 속하는 사회문제들은 문제 해결의 집중도가 3.3% 미만이고, 주체의 다양성을 뜻하는 변이계수 값이 1.25를 초과하는 경우를 기준으로 도출했다. 사회문제 영역별로 보면, A 영역의 3개, B 영역의 3개, C 영역의 2개, D 영역의 3개 문제가 주체의 다양성과 해결의 집중도가 모두 낮은 것으로 나타났다. A 영역에서는 '소득 양극화 심화(부익부 빈익빈)', '가계부채 증가', '일·생활 불균형(일·가정 양립 불가능, 높은 근로시간)' 문제가, B 영역에서는 '투명하지 못한 정부 운영(정부 신뢰 하락)', '학벌지상주의 및 학력/학벌 차별 관행', '교육비 부담(비싼 등록금 문제 등)' 문제가 폐쇄형에 포함된다. C 영역에서는 '공교육 붕괴 및 사교육 심화', '세대/연령 간 갈등 및 격차 심화' 문제가, D 영역에서는 '감염병 확산 및 대응 체계 부족', '결혼/출산/양육 친화적인 사회시스템 부족', '폭염·한파' 문제가 폐쇄형에 해당된다.

A 영역의 '가계부채 증가' 문제의 경우, 해결의 집중도가 0.21%로 A 영역 중에서도 가장 낮았다. 이 문제를 해결하는 데 정부가 0.2%, 시민사회가 0.01% 참여하고 있어, 정부가 그마나 문제 해결을 주도하는 것으로 나타났다. '소득 양극화' 문제를 해결하기 위한 각 주체들의 노력 총합은

0.21%였다. 기업의 참여가 1.03%로 가장 높았고, 사회적 기업, 정부, 시민사회 순으로 참여하는 것으로 나타났다. 소득 양극화 문제는 30대 사회문제 중 영향력이 100점으로 가장 높아, 문제 해결을 위한 노력이 더 적극적으로 이뤄져야 한다. 특히, 이 문제는 오랫동안 해결되지 않는 난제이기 때문에 취약계층에 대한 단순 지원 형태의 문제 해결 방식에서 벗어나 다양하고 창의적인 실험이 동반될 필요도 있다. '일·생활 불균형' 문제를 해결하기 위한 집중도는 0.31%이다. 정부의 참여 비율이 가장 높은 0.27%를 보였다. 반면, 일·생활 불균형 문제와 가장 직결되는 기업의 참여는 없었다. 이 역시, 기업의 사회문제 해결 노력을 사회공헌 활동으로 보았기

[그림 4.11] 폐쇄형에 속하는 A 영역의 사회문제

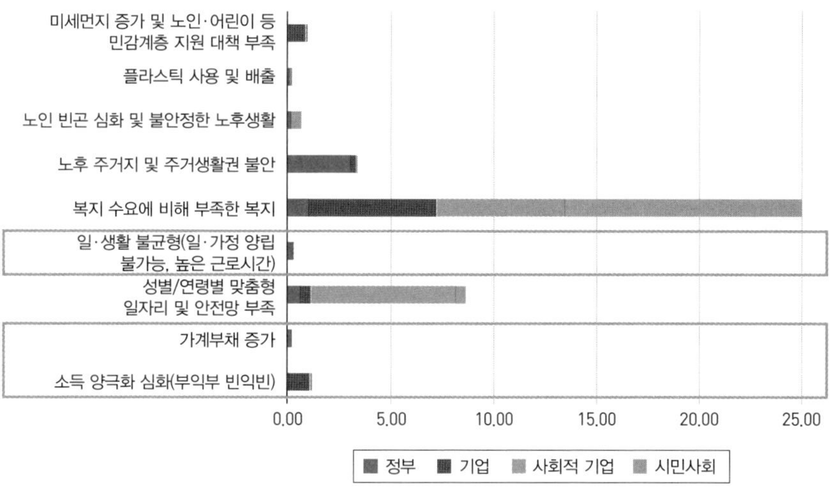

[표 4.6] 주체별 문제 해결 수준(A 영역, 폐쇄형) (단위: %)

	정부	기업	사회적 기업	시민사회	총합
일·생활 불균형	**0.27**	0	0.03	0.01	0.31
가계부채	**0.20**	0	0	0.01	0.21
소득 양극화	0.07	**1.03**	0.08	0.03	1.21

때문으로 생각된다.

B 영역 중에서는 '교육비 부담', '학벌지상주의', '투명하지 못한 정부 운영' 문제가 폐쇄형에 속하는데, 교육비 부담 문제를 제외한 2개 문제는 정부가 주도적으로 해결하고 있었다. 교육비 부담 문제의 경우, 기업의 사회공헌 활동이 그 해결을 주도하는 것으로 나타났다. '투명하지 못한 정부 운영' 문제는 B 영역 중에서도 난이도가 가장 높았고, 영향력도 88점으로 세 번째로 높았다. C 영역의 '세대/연령 간 갈등', '공교육 붕괴 및 사교육 심화' 문제의 경우, 전자는 시민사회가, 후자는 정부가 주도하는 것으로 나타났다. '공교육 붕괴 및 사교육 심화' 문제의 경우, 해결의 집중도가

[그림 4.12] 폐쇄형에 속하는 B 영역의 사회문제

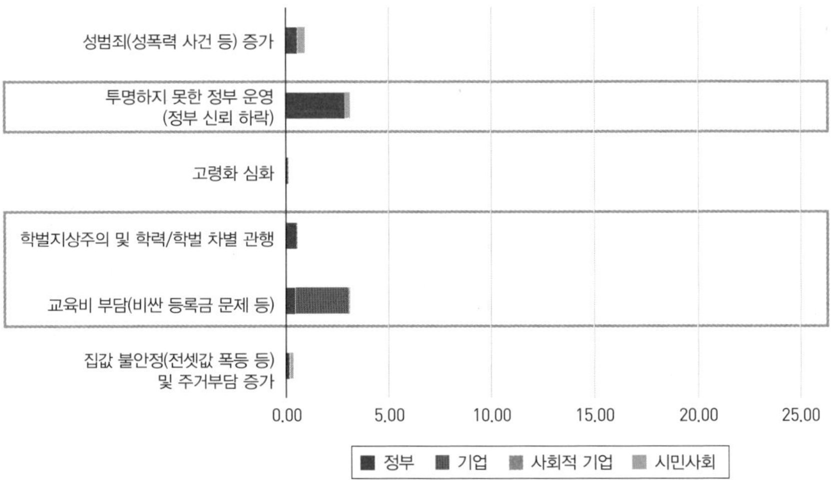

[표 4.7] 주체별 문제 해결 수준(B 영역, 폐쇄형) (단위: %)

	정부	기업	사회적 기업	시민사회	총합
투명하지 못한 정부 운영	**2.92**	0	0	0.24	3.16
학벌지상주의	**0.53**	0	0.03	0.01	0.57
교육비 부담	0.46	**2.58**	0.08	0.02	3.14

[그림 4.13] 폐쇄형에 속하는 C 영역의 사회문제

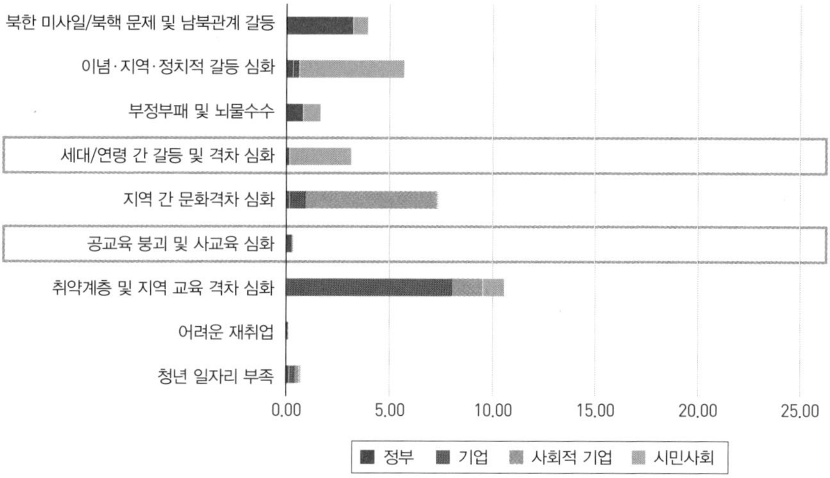

[표 4.8] 주체별 문제 해결 수준(C 영역, 폐쇄형) (단위: %)

	정부	기업	사회적 기업	시민사회	총합
공교육 붕괴	**0.3**	0	0	0.03	0.33
세대/연령 간 갈등	0.17	0	0	**2.98**	3.15

1.31%로 매우 낮았다. 이는 C 영역 안에서 '어려운 재취업' 문제(0.55%) 다음으로 가장 낮은 수치이다. 전반적으로 폐쇄형에 속하는 B, C 영역의 문제들은 정부가 그 해결을 주도하는 특성을 보인다.

D 영역의 '폭염·한파' 문제를 해결하기 위한 집중도는 0.53%로 D 영역 안에서는 물론, 전체 30대 사회문제 중에서도 가장 낮은 수치를 기록했다. '폭염·한파' 문제는 다른 문제들과는 달리, 정부가 독점적으로 해결하고 있었다. '감염병' 문제의 경우, 사회적 기업이 주도적으로 해결하고 있었고, '결혼/출산/양육 친화적인 사회시스템 부족' 문제의 경우, 정부가 주도적으로 해결하고 있었다. 결혼/출산/양육 문제의 경우, 영향력이 79.5점으로 D 영역 중 2번째로 높은 것으로 나타났다. 이상의 세 가지 문제는

[그림 4.14] 폐쇄형에 속하는 D 영역의 사회문제

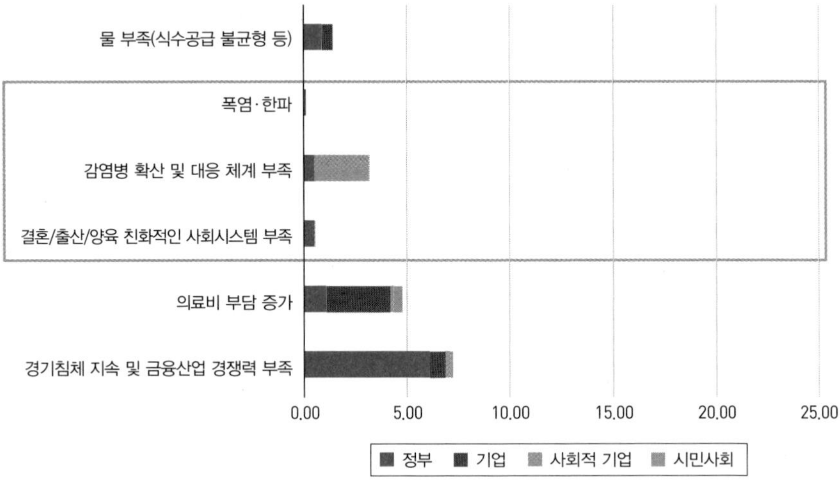

[표 4.9] 주체별 문제 해결 수준(D 영역, 폐쇄형)

(단위: %)

	정부	기업	사회적 기업	시민사회	총합
폭염·한파	**0.13**	0	0	0	0.13
감염병	0.53	0	**2.64**	0.02	3.19
결혼/출산/양육	**0.53**	0	0.03	0.01	0.57

새롭게 부상하는 사회문제들로 더 나은 미래를 위해 선제적으로 대응해야 할 부분이다. 앞서 분화형의 환경 문제들과 마찬가지로 그 심각성이 점차 커지고 있기 때문에 다양한 주체들의 더 적극적인 참여와 협력이 뒷받침되어야 한다.

전반적으로 폐쇄형에 속하는 사회문제들의 경우, 제도적으로 해결되어야 하는 문제들이 대거 포함되었다. 교육 문제, 소득 양극화 문제, 가계부채 문제, 일·생활 불균형 문제, 결혼/출산/양육 문제 등이 그 예이다. 그러다 보니 정부 주도적으로 관련 문제를 해결하는 경향이 높았다. 이와 함께 감염병이나 폭염·한파같이, 최근 들어 대두되고 있는 사회문제들도 포함되어 있다. 폐쇄형의 문제들은 그 속성도 복잡하고, 해당 문제를 해결하고자 하는 주체들도 적어, 주체들 간 협력은 물론, 문제 해결의 효과도 매우 낮음을 알 수 있다. 따라서 협력의 수준을 보여주는 협력 생태계의 네 가지 유형 중 가장 근본적인 변화가 요구된다.

Backbone Support, 생태계를 지원하여 문제를 해결할 Player를 늘려라

폐쇄형은 사회문제 해결 주체의 다양성과 해결의 집중도 모두 낮은 경우이다. 지금까지 살펴본 유형 중 협력 및 문제 해결 가능성이 가장 낮다. 30대 사회문제 중 이 유형에 가장 많은 11개 문제가 포함되어 있고, 이들 문제의 영향력이나 난이도에 비해 문제 해결 노력이 낮다는 점에서 그 심각성이 크다. 시급성이나 중요도가 큰 A 영역에 폐쇄형에 속하는 문제들이 대거 포함되어 있다는 점에서 더욱 그러하다. 따라서 현재의 상황에서 벗어나, 문제 해결에 참여할 주체들을 늘려나가는 근본적인 변화가 이루어져야 한다.

이를 위해 Kania & Kramer(2011)가 제시한 집합적 임팩트 실현의 5가지 조건 중 'Backbone Support'를 제안하고자 한다. 'Backbone Support'는 문제 해결을 위해 목표를 공유하고 자원, 인력을 동원하는 독립적인 중추 지원 조직을 의미한다. 문제 해결에 다양한 주체들이 뛰어들게 하려면, 이러한 'Backbone Support'가 필요하다. 하지만 우리가 주목하는 것은 중추 지원 조직 그 자체가 아니라, 자원, 인력 등 각종 인프라를 지원하여 관련 생태계를 조성한다는 것에 있다.

예를 들어, KT는 글로벌 감염병 확산 방지 플랫폼(GEPP)[7] [23] 관련 프로

---

7) 통신 빅데이터 기술을 이용하여 감염병 발병 국가를 방문한 국민들에게 감염 위험을 안내하고 보건 당국의 리스크 유입 모니터링을 돕는 솔루션이다. 2015년, 메르스 발생 이후 감염병의 해외 유입을 방지하기 위해 관련 프로젝트를 추진해 왔다. 최근에는 코로나19의 대응 기술을 국제적으로 인정받아, '2020 스티비 어워즈 국제 비즈니스 대상'에서 은상을 수상하였다.

젝트를 추진하기 위해 월드뱅크뿐 아니라, 라이트 펀드(Right Fund), 빌 & 멜린다 게이츠 재단(Bill & Melinda Gates Foundation) 등 다양한 기관으로부터 펀딩을 지원받았다. 프로젝트를 지속 가능하게 추진하려면, 자원이 풍부해야 하기 때문이다. SK텔레콤은 2020년 상반기에 개발한 최초의 한국어 GPT-2(Generative Pre-Trained Transformer-2) 언어 모델인 KoGPT-2를 외부에 공유했다. 자연어 처리를 통해 다양한 문제를 해결하는 창의적인 아이디어를 가진 스타트업, 대학, 연구소들이 많아지기를 기대했기 때문이다.[24] 이상의 사례들은 정부 주도 방식에서 벗어나 기업의 기술을 중심으로 문제 해결 생태계를 만들었다는 점에서 중요하다.

그동안 집합적 임팩트를 위한 중추 지원 조직은 공공 영역에서 맡아왔다. 현대차그룹은 그 선입견에서 벗어나, 중추 지원 조직으로서 집합적 임팩트를 성공적으로 이끈 대표적인 기업으로 알려져 있다. 사회적 기업 육성을 위한 'H-On Dream' 사업이 그 예이다. 2011년부터 고용노동부와 한국사회적기업진흥원의 공공 섹터, 현대차그룹과 현대차 정몽구 재단의 민간 섹터, 사회혁신 컨설팅 기관인 mysc 등 다양한 주체가 모여 사회적 기업 육성을 위한 인큐베이팅을 시행한 결과, 2021년 9월 기준, 223개의 사회적 기업을 키우고 1,923개의 일자리를 창출했다.[25]

H-On Dream처럼, 사회적 기업을 육성하기 위한 민간 주도 프로그램으로 SK의 '사회성과인센티브'가 있다. SK의 사회성과인센티브는 사회적 기업이 창출한 사회적 가치를 측정하고, 그 결과에 비례하여 인센티브를 제공하는 방식으로 사회적 기업을 육성한다는 점에서 다른 프로그램들과 차이가 있다. 2015년부터 시작된 사회성과인센티브를 통해 2020년 기준, 총 200개 사회적 기업에게 339억 원의 인센티브를 지급함으로써 사회적 기업 생태계를 확장시키는 데 기여했다.[26] 이상의 사례들은 사회 변화를 위해 문제 해결 주체를 늘리는 생태계 조성이 매우 중요함을 보여준다.

폐쇄형에 속하는 문제들을 들여다보면, 교육, 소득, 가계부채, 일·생활 불균형, 결혼/출산/양육, 감염병, 폭염·한파 등 오랫동안 해결되지 않는 난제부터 최근의 이슈들까지 매우 광범위하다. 교육, 소득, 가계부채 등의 문제는 그동안 제도적으로 해결되어야 할 것들로 여겨져 왔기 때문에 정부가 주도해 왔지만, 여전히 해결되지 않고 있다. 그렇다면, 조금 더 다각적이고 창의적인 접근이 필요하지 않을까? 전통적인 방식을 추구하는 정부 외에 참신한 아이디어를 가진 사회적 기업을 끌어들이거나 비즈니스 역량과 기술이 풍부한 기업을 참여시키거나 동원력을 가진 시민사회를 참여시켜야 할 것이다. 일·생활 불균형, 결혼/출산/양육 문제 역시, 제도적인 차원에서의 접근뿐 아니라, 가장 밀접한 관련이 있는 기업들의 적극적인 참여도 필요하다. 감염병, 폭염·한파 문제도 최근 들어 그 심각성이 매우 높아졌기 때문에 전 사회 주체들이 다 같이 참여해야 문제 해결의 효과를 높일 수 있다.

이 모든 것들이 가능하려면, 각 주체들이 해당 문제에 뛰어듦으로써 스케일 업(scale-up)할 수 있게, 그리고 지속 가능하게 참여할 수 있도록 다각적이고 전방위적인 지원이 이뤄져야 한다. 지원 주체도 공공 부문에 한정하지 말고, 위에서 살펴본 사례들처럼 기술, 자본이 풍부한 민간 부문으로까지 확장할 필요가 있다. 이때 문제 해결에 적극 참여하는 주체들이 늘어나 주체들 간의 협력이 보다 활발해지고 이전에 없던 새로운 가치를 창출할 수 있을 것이다.

5부

집합적 임팩트 생태계의 퍼즐을 완성하다

1. 생성 단계: 문제 해결 플랫폼을 제공하여 새로운 가치를 창조하라
2. 성장 단계: 사회문제에 대한 단기적 시각에서 벗어나 미래지향적 가치의 규모를 확보하라
3. 확장 단계: 고도의 집중된 역량을 주변으로 확산시켜 공진화하라
4. 안정 단계: 연결의 힘을 극대화하여 가치를 견고하게 지켜라
5. 탄소 배출 문제로 집합적 임팩트 생태계를 살펴보다

● ● ●

사회적 가치가 선택이 아닌, 필수의 시대로 접어들었다. 우리의 삶을 위협할 것이라고 예측되던 각종 위기들이 이제는 현실이 되고 있다. 세계보건기구(WHO)는 전 세계 인구의 95%가 이미 오염된 공기를 마시고 있다고 분석했다. IPCC(Intergovernmental Panel on Climate Change)는 온실가스 배출이 현재 수준으로 이어진다면, 2050년, 평균 기온이 섭씨 3.2도 이상 증가하고 아시아의 물 부족 인구가 10억 명에 달할 것이라고 예측했다.[1] 한쪽에서는 물 부족에 허덕이는 반면, 다른 한쪽에서는 홍수로 삶의 터전을 잃게 된다고 한다. 미국의 비영리단체 클라이밋 센트럴(Climate Central)은 2050년, 세계지도에서 상하이, 홍콩, 뭄바이, 자카르타 등을 볼 수 없게 될 것이라고 경고했다.[2] '거주불능지구'라는 표현이 괜히 나온 것이 아니다. 문제는 기후변화가 양극화를 더 심화시킨다는 사실이다. 거주 환경·작업 환경이 열악한 노인, 장애인, 저소득층 등의 사회경제적 약자들이 기후변화에 더 취약해 기후 난민이 될 가능성이 높다. '기후변화'라는 사회문제 하나가 복잡계처럼 다양한 연쇄작용을 일으켜 혼란을 가중시킴을 알 수 있는 대목이다.[3]

우리는 이러한 대혼란의 위기를 극복하기 위한 대안으로 집합적 임팩트를 제시했다. 2011년, Kania & Kramer[4]의 연구에서 소개된 'Collective Impact'의 개념을 재구성한 것이다. 그간 'Collective Impact'라 하면, 특정 사회문제를 중심으로 한 주체 간 협력에 초점을 맞춰왔기 때문에 협력적 임팩트로 불려왔다. 하지만, 우리는 사회문제를 창의적으로 해결하여 새로운 가치와 임팩트를 창출하는 것에 'Collective Impact'의 목적이 있다고 보았다. 그렇다고 한다면, 'Collective Impact'를 협력적 임팩트로 부르는 것은 그 의미를 좁게 국한시킨다. 우리는 'Collective Impact'의 본래 취지에 맞춰 사회문제 해결에 필요한 퍼즐들을 조합한 형태로서 집합적 임팩트를 살펴보았다. 사회문제를 해결하는 주체들 간의 협력과 더불어, 각 주체들의 사회문제 해결 역량을 강화시키는 것, 그리고 사회문제의 속성을 파악하는 과정을 포함한 각각의 집합들이 상호 연결된 하나의 생태계로 바라본 것이다.

Kania & Kramer(2011)의 연구에서는 사회문제 해결 주체들의 역량을 강화시키는 것은 상호 간의 협력을 높이기 위한 하나의 요건이었다. 또한, '사회문제(환경)', '해결 주체(조직)', '해결 방법(협력)'의 세 요소를 정적인 상태(static status)로 가정하고 사회문제의 속성이나 변화 가능성에 대해서는 별다른 관심을 보이지 않았다. 하지만, 우리는 '사회문제 해결'을 중요한 목표로 보았기 때문에 이상의 세 가지 요소를 대등하게 바라봤다. 현실적으로 특정 주체가 하나의 사회문제만 해결하는 것이 아니라, 여러 주체가 다양한 사회문제를 동시다발적으로 해결하기 때문에 동적인 과정(dynamic process)으로 가정하는 것이 타당하다. 이는 사회문제, 해결 주체, 협력 생태계를 연계시킨 '집합적 임팩트 생태계'로의 관점 전환이 필요한 이유이다. 상황, 조건, 맥락에 따라 사회문제, 해결 주체, 협력의 생태계가 각기 진화, 발전한다는 것도 '집합적 임팩트 생태계'로 바라봐야 하는 이유이다. 이에, 우리는 집합적 임팩트 생태계를 구축하기 위한 요건으로서 사회문제를 재구성하고 각 주체별 역량을 강화시키는 방법, 그리고 상호 간 협력을 촉진시키는 전략들을 각각 제시했다. 그 과정에서 사회문제를 유형별로 구분하고 각 주체들이 어떤 유형의 사회문제를 해결하는지에 관한 분석 결과를 연계시켜 협력의 수준을 높이는 협력 생태계의 유형을 도출했다. 세 가지 요소가 '따로 또 같이' 움직여야 집합적 임팩트 생태계로서 진화, 발전해 나갈 수 있는 것이다.

여기에서 한 가지 의문을 제기해 볼 수 있다. 사회문제, 해결 주체, 협력의 총합을 집합적 임팩트 생태계로 본다면, 어떤 단계를 거쳐 생태계가 진화, 발전해 나가는가? 생태계의 최종 목적이 새로운 가치를 창출하고 임팩트를 확장하는 것에 있다면, 이를 달성하기 위한 단계별 전략이 필요하지 않을까? 이를 찾기 위해 우리는 Moore가 1996년에 발표한 기업 생태계 발전을 위한 단계별 전략을 참고하였다.[56] 집합적 임팩트 생태계는 [그림 5.1]과 같이 초기 생성 단계를 거쳐 성장, 확장의 시기를 지나 안정기에 접어드는 형태로 진화, 발전한다. 이때 사회문제의 속성과 해결 주체의 역량, 협력의 수준이 유기적으로 연계되는 커다란 생태계의 모습을 그림과 동시에 생태계의 발전을 주도해 나가는 개별 요건들을 상정하는 것이 필요하다. 물론 각 단계별 전략들이 우리가 바라는 집합적 임팩트 생태계로서의 이상향을 반영하기 때문에 실제 현실에 적용할 때는 상황에 맞게 내용을 조정할 수 있다. 그럼 이제부터 집합적 임팩트 생태계의 단계별 로드맵을 그려가 보자.

[그림 5.1] 집합적 임팩트 생태계의 발전 단계

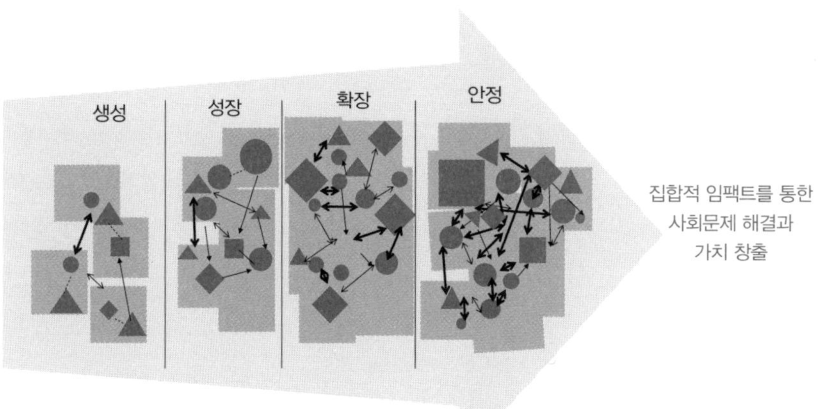

주 1) 도형: 사회문제 해결주체
주 2) 도형의 크기: 사회문제 해결의 집중도
주 3) 화살표: 협력의 영향력
주 4) ▇ 는 사회문제

1. 생성 단계: 문제 해결 플랫폼을 제공하여 새로운 가치를 창조하라

집합적 임팩트 생태계가 지향하는 궁극적인 목적은 사회문제의 속성을 제대로 이해하고, 이를 해결하는 각 주체들이 강화된 역량을 가지고 상호 협력함으로써 이전에 없던 새로운 가치, 임팩트를 창조해 나가는 것이다. 이를 위해서는 기존과는 다른 방식으로 사회문제를 효과적이고 창의적으로 해결해야 한다. 이때 정부, 사회적 기업, 시민사회, 기업이 가진 기본적인 속성과 역량을 고려해 볼 필요가 있다. 어떤 주체가 사회문제를 창의적으로 해결할 수 있을까? 정부는 법이나 규제, 정책을 통해 일반 다수를 대상으로 사회문제를 해결해 왔다. 그렇기 때문에 수요자 맞춤형 사회문제 해결에는 한계를 보인다. 시민사회는 자치, 공동체의 원리를 바탕으로 사회문제를 자발적으로 해결해 왔다. 하지만, 자체 자원이 부족해 지속 가능하게 사회문제를 아젠다화하지는 못한다. 사회적 기업은 이윤을 추구하면서도 사회문제를 해결하기 때문에 정부나 시민사회보다 창의적이고 혁신적인 방법을 동원할 역량을 보유하고 있기는 하지만, 정부 재정에 의존하는 경향이 높다. 이런 점들을 감안하면, 집합적 임팩트 생태계의 생성단계에서는 풍부한 자원과 혁신성, 유연성을 갖춘 기업이 중심이 되어 사회문제를 창의적으로 해결할 방법을 모색해 볼 것을 제안한다.

생태계가 생성되는 초기 단계에는 사회문제를 해결하는 주체들이 여기저기 흩어져 있고 그 수도 절대적으로 적기 때문에 사회문제를 중심으로 주체들이 모일 수 있게 인위적으로라도 플랫폼을 구축해 주는 것이 필요하다. 이 단계를 4부에서 살펴본 협력 생태계의 유형과 연결시켜 보면, 문제를 해결하는 주체도 다양하지 못하고 문제 해결의 집중도도 낮은 폐쇄형에 속한다.[1)] 앞서, 폐쇄형일 때 자원, 인력 등 문제 해결에 필요한 각종 인프라를 지원하여 생태계를 만들어 주는 것이 필요하다고 언급했던 것처럼, 기술과 자본이 풍부한 기업이 사회문제를 창의적으로 해결할 플랫폼을 실험적으로 구축해 보는 것이 중요하다. 실제 현대나 SK, 삼성 등과 같은 대기업에서 사회문제를 해결하는 사회적 기업이나 소셜 벤처들을 모으는 사업들이 관련 생태계를 넓히는 데 상당한 효과를 거두고 있다는 평가를 많이 받고 있다. 이러한 기업 주도의 '문제 해결 플랫폼'을 확대하여 문제 해결 주체도 늘려나가고, 기업이 갖고 있는 고유의 역량을 다른 주체들도 학습할 수 있게 하여, 이전에 없던 새로운 가치를 만들어나가는 것이 필요하다. 물론, 기업들도 생태계 구축을 통해 다른 주체들과의 상호작용을 늘려감으로써 사회문제와 비즈니스를 접목할 기회를 증진시킬 수 있다.

다만, 생태계가 형성되는 초기 단계이기 때문에 비교적 영향력과 난이도가 낮은 D 영역의 문제부터 해결해 볼 것을 제안한다. D 영역은 영향력과 난이도가 모두 낮아, 해당 문제에 대한 관심이 저조할 확률이 높다. 그럼에도 D 영역에 '폭염/한파', '물 부족', '감염병 확산 및 대응 체계 부족' 등 국제사회에서 주목하는 문제들이 대거 포함되어 있다. WEF의 *Global Risks Report 2021*에 따르면, '전염병', '기상 이변'이 향후 2년 안에 발생할 단기 리스크 1위와 3위로 각각 꼽혔기 때문이다.[7] 따라서 생태계 '생성' 단계에서는 비교적 영향력과 난이도가 낮은 D 영역의 문제 해결을 목표로 기업 주도의 플랫폼을 구축하여 창의적이고 영리하게 실험하는 전략이 필요하다.

---

1) 2부에서 살펴본 사회문제 속성을 중심으로 각 주체들이 특정 사회문제 해결을 위해 얼마나 노력하는지 수치화하여 협력 생태계 유형을 도출했다. 즉, 특정 사회문제 해결을 위해 얼마나 다양한 주체들이 집중하는지를 단계별로 보여준다. 이는 사회문제 해결을 위한 집합적 임팩트 협력 생태계 발전 방향과 연관성이 높다. 따라서 집합적 임팩트 생태계가 진화, 발전하는 단계를 협력 생태계 유형으로 도출한 폐쇄형, 분화형, 몰입형, 개방형과 연결시켜 생성기, 성장기, 확장기, 안정기로 구분하였다.

2. 성장 단계: 사회문제에 대한 단기적 시각에서 벗어나 미래지향적 가치의 규모를 확보하라

기업 주도의 플랫폼이 제공되면, 집합적 임팩트 생태계가 만들어지면서 문제를 해결하는 주체들도 하나둘 증가하게 될 것이다. 우리는 이 시기를 집합적 임팩트 생태계가 성장하는 단계로 보았다. 이 단계를 협력 생태계 유형과 연결시켜 보면, 문제를 해결하는 주체들은 조금씩 다양해지는데 문제 해결의 집중도는 낮은 분화형에 해당한다. 여기에서 중요한 것은 문제 해결의 집중도를 높여 사회문제 해결 규모를 확대하는 것이다. 생성 단계에서 창출된 가치가 사회에 영향력을 발휘할 수 있도록 일정 규모에 도달해야 한다.

이를 위해서는 '분화형'에서 '몰입형'으로의 진화, 발전이 필요한데, 이것이 가능하려면, 첫째, 사회문제에 대한 시각을 확장하여 보다 더 다양한 사회문제를 해결하는 전략이 필요하다. 즉, '현재'를 중심으로 사회문제를 바라보던 것에서 '미래'의 영향력을 중심으로 확장된 시각에서 사회문제를 바라보는 것이 중요하다. 3부의 분석 결과에 따르면, 대부분의 주체들이 미래 영향력이 큰 B 영역의 문제(고령화 심화, 주거 부담 증가, 성범죄 증가 등)를 해결하는 비중이 낮았다. 이는 각 주체들이 지금 당장의 문제를 해결하는 데 집중하고 있음을 시사한다. 따라서 사회문제에 대한 단기적 시각에서 벗어나 미래 영향력이 높은 B 영역 문제들의 심각성에 대한 공감대를 갖고 적극적으로 해결해 나감으로써 가치 창출의 규모를 키워야 한다.

사회문제 해결 규모를 확보하기 위한 두 번째 전략은 앞서 생성 단계에서 구축된 문제 해결 플랫폼에서 활동하는 개별 주체들의 문제 해결 역량을 확보하는 것이다. 이때, 좀 더 중심을 잡고 역할할 수 있는 사회문제 해결 주체는 누구일까? 개별 주체들의 문제 해결 역량을 높이려면 '사회문제 해결'의 전문성을 가진 주체가 주도적으로 이끌어야 한다. 기업은 본래 이윤을 추구하던 조직이기 때문에 풍부한 자원과 기술을 갖추고 있지만, 사회문제 해결 역량 자체는 아직까지 약하다. 정부와 시민사회는 오래전부터 사회문제를 해결해 왔지만, '사회적 가치'만 강조해 왔기 때문에 '혁신적인 방법'으로 사회문제를 해결하는 부분에는 한계를 보인다. 사회문제를 좀 더 넓게 확장된 시각으로 바라보려면, 사회문제를 창의적으로 해결하는 다양한 아이디어를 갖춘 존재가 필요하다. 따라서 이윤도 추구하면서 사회문제를 해결하는 사회적 기업이 중심이 되어 이들의 창의적인 사회문제 해결 역량을 생태계에 존재하는 여러 주체들이 학습할 수 있도록 환경을 조성해야 한다.

혁신적인 사회문제 해결 아이디어를 통해 협력의 환경을 조성한 사례로 '트리플래닛'을 들 수 있다. 트리플래닛은 게임으로 아마존과 몽골 사막에 나무를 심어주는 획기적인 문제 해결 방법을 개발했고 그 창의성을 인정받아 2011년, 글로벌 소셜벤처대회(GSVC)에서 3위를 수상하기도 했다.[8] 나무 심기 게임은 게임에 참여한 개인들이 가상의 나무를 키우고, 이 나무를 실제 심는 데 필요한 비용은 기업이 부담하는 방식으로 진행된다. 기업은 게임 속에 자신들의 브랜드를 노출시켜 홍보 효과를 얻기도 한다. 그 외 현지 정부는 나무를 심을 땅을 제공하고, 직접 나무를 심는 역할은 시민사회가 담당한다.[9] 트리플래닛 사례는 환경 문제가 지금처럼 심각하게 인식되지 않던 2010년부터 이 문제에 주목하여 미래 세대들이 보다 안전하고 지속 가능하게 삶을 영위할 수 있도록 선도해 왔다는 점에서 의미가 있다.[2)] 특히 게임과 환경 문제를 접목시키는 참신함으로 문제 해결을 이

2) 이는 '대상' 중심에서 '문제' 중심으로 사업 영역을 개척하는 것이 사회적 기업에게 필요

끌고 여러 주체들 간의 협력을 주도했다는 점에서 사회적 가치 생태계를 성장시키는 데 기여한 바가 크다. 트리플래닛의 사례처럼, 사회적 기업은 신선하고 창의적인 아이디어를 무기로 가치 창출 규모를 효과적으로 키워 집합적 임팩트 생태계를 한 단계 도약시키는 데 주도적인 역할을 할 수 있을 것이다.

하다고 제안했던 3부의 내용과도 일치한다. 또한 트리플래닛은 SK의 사회적 기업 생태계 육성을 위한 사회성과인센티브 프로젝트에 2015년부터 참여해 왔다. 따라서 트리플래닛 사례는 기업이 초기에 구축한 생태계 안에서 능력을 향상시킨 사회적 기업이 사회적 가치 생태계를 한 단계 성장시키는 역할로 진화하는 모습을 잘 보여준다.

3. 확장 단계: 고도의 집중된 역량을 주변으로 확산시켜 공진화하라

성장 단계에서 사회문제 해결 규모를 키우는 데 주력하다 보면, 특정 주체에 과도하게 문제 해결 역량이 집중될 가능성이 높다. 특정 주체를 중심으로 문제 해결이 이뤄지다 보면, 매너리즘(mannerism)에 빠질 확률이 높아진다. 이때, 문제 해결의 효과성도 떨어지기 마련이다. 따라서 특정 주체에 집중된 역량을 주변으로 확산시켜 다 함께 진화, 발전하는 공진화 전략이 필요하다. 즉, 네트워크의 효과를 전략적으로 활용해야 한다. 여러 주체들이 함께 문제 해결에 적극적으로 참여하다 보면, 서로의 강점을 학습하고 서로가 가진 자원을 동원하여 새로운 혁신의 동력을 찾을 수 있다.[10] 따라서 집합적 임팩트 생태계가 확장되는 단계는 특정 주체에 문제 해결 역량이 집중된 현재의 상태에서 나아가 모두가 문제 해결에 집중할 수 있도록 연결의 힘이 강조되는 시기이다.

협력 생태계 유형으로 보면, 문제 해결의 집중도가 큰 일부 주체들로 구성된 몰입형과 연계될 수 있다. 앞선 '성장' 단계를 거치면서 생태계에 유입되는 문제 해결 주체들이 하나둘 늘어나기는 하지만, 가치 창출의 규모가 강조되다 보니, 특정 주체에 무게가 쏠릴 가능성이 크기 때문이다. 그렇게 되면 각 주체들을 연결시켜 주는 힘이 약해져 주체들 간의 실질적인 협력 수준과 그 영향력이 작아질 수 있다. 그림으로 그려 보면, 문제 해결의 집중도를 뜻하는 동그라미의 크기가 큰 주체가 일부 존재하고 서로를 연결시키는 협력의 수준은 옅게 표시되는 형태이다. 그러다 생태계의 확장으로 특정 주체에 집중된 문제 해결 역량을 다른 주체들에게 전이(transfer)시키면, 생태계 내의 여러 주체들과 생태계를 구성하는 여러 자원들이 결합하고 상호작용함에 따라 주체들 간의 협력이 점진적으로 증가할 수 있다. 즉, 확장 단계에서는 '몰입형'에서 '개방형'으로의 진화, 발전이 필요하다.

다만, 이것이 가능하려면, 여러 주체들이 함께 발전할 수 있도록 협력을 주도적으로 이끄는 주체가 존재해야 한다. 누가 그 역할을 해야 할까? 이 단계에서는 다른 주체들에 비해 아젠다를 만들어내고 이슈화시키는 동원력을 갖고 있는 시민사회가 적합할 것이다. 플랫폼 구축 단계를 넘어, 생태계 내의 여러 주체, 구성 인자들과의 상호작용이 본격적으로 확대되는 시기이기 때문에 시민사회가 중심이 되어 사회문제 해결에 필요한 다양한 주체들을 끌어모으고 서로의 역량을 주고받을 수 있는 학습의 장(場)을 만들어 주는 것이 중요하다. 이를 통해 시민사회도 3부에서 살펴봤듯, 실천적 문제 해결력을 확보해 나갈 수 있을 것이다.

그 사례로 '굿네이버스'를 들 수 있다. 올해 창립 30주년을 맞은 굿네이버스는 아동권리 증진을 목표로 다양한 사업을 추진하며 세계적인 시민사회로 발돋움해 왔다.[11] 위기가정, 취약계층, 학대가정 아동의 복지를 증진시키기 위한 굿네이버스의 사업들은 그동안, 정부의 복지 정책을 통해 해결되어야 하는 것으로 인식되어 왔다. 하지만, 아동인권의 문제는 정부의 노력만으로 해결되는 것이 아니다. 개인의 의식도 변화해야 하고, 기업의 지원도 필요한 부분이다. 실제로 많은 다국적기업들이 개발도상국 아이들의 노동력을 싼값에 착취해 왔다. 그러다 보니 UN, OECD, ILO 등의 국제기구에서 인권 경영의 중요성을 1970년대부터 강조해 왔다. 국제기구가 '아동인권'의 문제를 이슈화시킨 것처럼, 시민사회도 이의 심각성을 아젠다화하여 여러 주체들을 문제 해결에 동참시킬 필요가 있는데, 굿네이버스가 그런 역할을 충실히 이행해 오고 있다.

굿네이버스는 창립 초부터 아동복지 증진을 위해 다양한 사업을 이행해 왔고, 그 노력의 일환으로 1996년 국내 최초로 아동학대상담센터를 개설해 아동복지전문서비스 기관으로 도약했다. 2000년에는 아동학대를 방지하기 위한 법, 제도적 기반을 마련하고자 아동복지법 개정 추진위원회에 참여하여 아동복지법의 전면 개정을 이뤄냈다.[12] 2000년대 후반에는 생애주기별로 필요한 교육, 신체, 정서, 경제적 지원 서비스를 통합적으로 제공하는 '굿네이버스 아동보호체계'를 개발하는 등 정부 정책의 효과성이 낮은 부분을 집중적으로 공략하여 해당 문제를 효율적으로 해결해 나갔다. 그 과정에서 정부 외에도 해당 문제에 관심을 갖는 기업, 복지기관, 사회적 기업 등의 참여가 늘어났고, 이를 바탕으로 한 협력이 문제 해결에 주요한 역할을 했다.

이처럼 시민사회는 굿네이버스처럼, 다소 추상적이고 쉽게 도전하기 어려워 정부가 주도해 왔던 문제를 공론화하여, 해당 문제에 여러 주체들을 참여시킬 수 있는 동원력을 가지고 있다. 선제적으로 해결이 필요한 사회문제를 이슈화하고 문제 해결에 참여하는 주체들의 수나 질을 높이게 되면, 문제 해결 역량을 강화시키는 데에도 기여할 수 있다. 이를 감안하여, 비교적 난이도가 높아 감히 시도하기 어려웠던 C 영역(세대/연령/이념 갈등, 취약계층의 교육 격차 심화 등)의 문제들에 본격적으로 뛰어드는 것도 고려해 볼 필요가 있다.[3)]

3) 3부의 분석 결과에 따르면, C 영역의 문제를 시민사회가 적극적으로 해결하고 있는 것으로 나타났다. 따라서 집합적 임팩트 생태계의 확장 단계에서 주도적인 역할을 할 주체(시민사회)와 중점적으로 해결할 사회문제 영역(C 영역)이 잘 연결된다.

4. 안정 단계: 연결의 힘을 극대화하여 가치를 견고하게 지켜라

확장 단계에서 고도의 집중된 문제 해결 역량을 주변으로 확산시키게 되면, 생태계 내 주체 수도 다양해지고 이들의 문제 해결 집중도도 높아질 수 있다. 우리는 이 시기를 집합적 임팩트 생태계가 안정되는 단계로 보았다. 협력 생태계 유형과 비교하면, 개방형에 가깝다. 그렇다 보니, 앞선 '확장' 단계보다 주체들 간의 협력이 더 강화되는 모습을 보인다. 그림으로 그려 보면, 문제 해결 집중도로 표시한 동그라미의 크기가 큰 주체들이 여럿 존재하고 이들을 연결하는 선의 굵기도 커져 협력의 영향력이 강화된 형태이다.

이러한 '안정' 단계에서는 생태계 내의 다양한 주체들이 지속 가능하게 협력을 할 수 있게 만드는 것이 중요하다. 이를 위해 생태계 내 협력의 성과를 분석하고 진단하는 것이 필요하다. 이 시기에 자칫, 생태계 전체의 성과가 낮아질 수 있기 때문이다. 생태계 전체의 성과가 낮다는 것은 생태계를 구성하는 개별 주체들의 성과가 낮다는 의미가 아니라, 이들을 연결시키는 힘이 약화되어, 협력이 제대로 이뤄지지 않을 가능성이 높다는 뜻이다. 따라서 다양한 문제 해결 주체들 간의 협력을 원활히 하여 생태계 전체의 성과를 높이는 전략이 필요하다. 만약 이의 노력이 적극적으로 뒷받침되지 않으면, 거시적인 환경 변화 등 여러 변화들에 의해 기존의 생태계가 위협받거나 쇠퇴할 수 있다.[13 14] 이 단계에서는 각 주체들을 연결시키는 힘을 극대화하여 앞선 단계에서 창출한 가치, 임팩트를 견고하게 유지해 나가는 것이 중요하다. 이는 특히, 영향력과 난이도가 모두 높은 가장 중요하면서도 심각한 A 영역의 문제들을 해결하는 데 필요한 전략이다.

이때, 생태계를 안정화시킬 주체로 누가 있을까? 생태계 전체를 컨트롤하는 능력은 정부가 가지고 있기 때문에 생태계를 '안정' 단계로 안착시키려면, 정부가 중심을 잡아주는 것이 필요하다. 정부가 주축이 되어 협력의 조건, 상태, 맥락이 제대로 형성되어 있는지 진단하고 협력의 관계를 꾸준히 이어나가기 위한 제도, 원칙, 가이드라인을 제공해야 한다. 이를 통해 여러 주체들 간의 협력을 높여 특정 문제 해결에 필요한 자원의 이동을 원활히 하고 상호 학습을 통해 각자의 역량을 극대화시킬 수 있다.

예를 들어, A 영역의 플라스틱, 미세먼지 문제 등 기후위기를 극복하기 위한 정부의 '그린 뉴딜' 정책을 3부에서도 살펴본 바 있다. 2020년에 발표된 그린 뉴딜은 디지털 뉴딜, 안전망 강화 부문과 함께 한국판 뉴딜 정책의 핵심을 차지한다.[4] 그린 뉴딜에 투입되는 예산도 전체 예산 160조 원의 절반에 가까운 73.4조 원으로 58.2조 원이 투입되는 디지털 뉴딜, 28.4조 원이 투입되는 안전망 강화에 비해 월등히 높다. 그린 뉴딜 정책은 특히, '저탄소·분산형 에너지 확산', '녹색산업 혁신 생태계 구축' 등을 목표로 하고 있어, 정부가 독자적으로 운영할 수 있는 내용이 아니다. 기업 등 민간 영역의 적극적인 협력이 뒷받침되어야 정책의 효과가 빛을 발할 수 있다. 개인이 일상생활에서 에너지를 아무리 아껴 쓴다 하더라도, 우리나라 주요 10대 그룹의 전력 사용량이 모든 가구의 전력 사용량보다 많다고 하니, 기업의 참여가 특히 중요함을 알 수 있다. 또한, 기업이 상품이나 서비스를 생산하기 위해 원료를 조달하고, 해당 원료로 만든 상품, 서비스를 소비자들이 구매하고 폐기하는 가치사슬(Value Chain)의 전 과정을 고려하면, 기업의 에너지 사용량이나 탄소 발생량은 실로 어마어마하다. 그렇기 때

4) 이는 미래의 문제를 선제적으로 대응하는 차원에서 수립된 정책이기 때문에 3부에서 살펴본 정부의 변화 방향과도 일치한다.

문에 그린뉴딜 정책의 효과를 높이기 위해서는 기업 등 민간 영역을 참여시킬 제도, 규제, 가이드라인을 지속적으로 제공하는 정부의 역할이 필요하다. 특히, 그린뉴딜 정책은 일자리 창출과도 연계되기 때문에 사회문제 해결의 연쇄적 효과를 발생시키려면, 정부의 역할과 방향이 무엇보다 중요하다.

최근, 그린피스가 국내 10대 그룹 100개사를 대상으로 재생에너지 사용 현황과 장단기 목표에 대해 설문조사한 결과, 응답한 42곳 가운데 35곳이 "전사 차원에서 기후위기 문제를 중대한 문제로 받아들이고 목표 및 이행 방안을 마련하고 있다."고 답했다. "2030년까지 재생에너지 발전 비중을 20%로 끌어올린다는 정부의 'RE3020'이 충분하다고 생각하는가?"라는 질문에 대해서는 "적절하다"는 응답률이 60.5%, "강화돼야 한다."는 응답률이 34.2%를 차지했다. 7개 그룹의 44개사 중 37개사는 재생에너지 100% 확대를 계획하고 있다고 응답하기도 했다. 재생에너지 확대에 대해 공공과 민간 모두의 공감대가 형성되고 있음을 확인할 수 있다. 물론, RE100에 가입한 대부분의 기업들이 재생에너지 100% 달성 시점을 2050년으로 내세운 것에 대한 비판도 적지 않다.[15] 이에, 환경부는 기업들의 그린 워싱을 방지하기 위한 K택소노미(한국형 녹색산업 분류체계)[5)]도 계획하고 있다.

그린 뉴딜 정책이 발표된 지 1년이 경과한 현재, 탈탄소 사회를 만들기 위한 생태계는 어느 정도 구축되었다고 평가할 수 있다. 이제부터는 그 생태계를 안착시키기 위해 여러 주체들의 참여가 지속될 수 있도록 연결의 힘을 강화하고 각자의 부족한 부분을 채워나가는 것이 필요하다. 특히, 정부의 고유 역량인 규제, 제도 등을 활용하여 민간 영역의 참여를 극대화시키는 것은 물론, 모든 주체들이 문제 해결에 제대로 기여하고 있는지 진단·관리·개선하는 것이 중요하다.

---

5) K택소노미는 녹색채권, 녹색여신, 녹색펀드 등 친환경 산·기업 프로젝트에 자금을 투입하는 금융상품의 '친환경' 여부를 판별하기 위한 기준으로 EU가 EU택소노미를 제정한 것에서 영향을 받았다(머니투데이, 2021).

[그림 5.2] 집합적 임팩트 생태계의 발전 단계별 주목해야 할 사회문제 영역

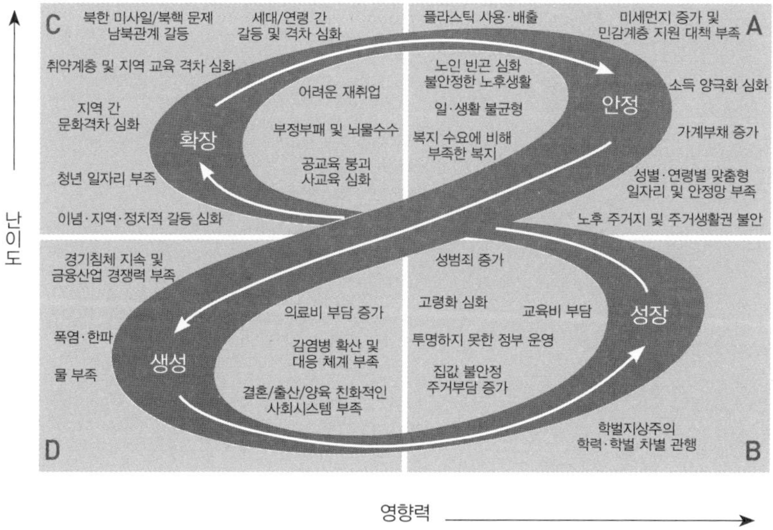

5. 탄소 배출 문제로 집합적 임팩트 생태계를 살펴보다

지금까지 집합적 임팩트 생태계의 진화, 발전을 위한 일종의 로드맵을 제시했다. 그 과정을 한눈에 쉽게 파악할 수 있도록 특정 사회문제 중심으로 살펴보고자 한다. 2021년 10월, 영국 글래스고에서 유엔기후변화협약 당사국총회(COP26)가 개최되는 등 지구 온난화 방지를 위한 국제 협의가 긴밀히 이뤄지고 있다. 2030년까지 2010년 대비 온실가스 배출량을 45% 감축하자는 것이 핵심 골자이다. 그만큼 '탄소 배출'과 관련된 기후변화 문제가 전 세계적으로 화두가 되고 있다. 우리가 살펴본 30대 사회문제 중 영향력과 난이도가 높은 A 영역의 '미세먼지 증가 및 대책 부족', '플라스틱 사용, 배출'의 문제 역시, '탄소 배출' 문제와 밀접한 관련이 있다. 따라서 영향력과 난이도가 높은 탄소 배출 문제를 해결하기 위해 정부, 기업, 사회적 기업, 시민사회 등 각 주체들이 힘을 모아 집합적 임팩트 생태계가 형성되는 단계별 과정을 살펴보도록 하자.

최근, 탄소 배출 문제가 심각해지면서 이의 문제를 해결하는 포이엔, 그레이프 랩, 수퍼빈, LAR 등의 사회적 기업이 증가하고 있으며, 관련 문제를 공론화하고 아젠다화하는 굿네이버스, 아름다운가게, 환경재단 등의 시민사회 역할이 중요해지고 있다. 2021년 8월 말에는 탄소중립기본법이 국회에서 통과되는 등 정부에서도 탄소 감축을 위한 움직임을 본격화하고 있다. 하지만, 탄소 배출 문제를 해결하는 주체들과 그 노력들이 동시다발적으로 한꺼번에 등장한 것은 아니다. 동일한 문제를 해결하기 위해 여러 주체들이 단계적으로 협력해 나가는 하나의 생태계가 형성되어 왔기 때문에 지금의 모습이 나타난 것이다.

우선, 2010년대 들어 사회적 기업이 새로운 사회문제 해결의 대안으로 등장하면서 많은 대기업들이 사회적 기업의 생태계를 조성하는 노력을 기울여 왔다. 현대의 H-온드림, SK의 사회성과인센티브, 삼성전자의 C랩, 롯데 등 대기업이 사회적 기업을 오랜 동안 육성해 오면서 이들이 자신의 아이디어를 실험해 볼 수 있는 토대를 구축해 주었다. 이처럼, 기업의 노력으로 사회문제 해결 생태계가 생성되면서 사회적 기업의 창의적 아이디어가 빛을 발할 수 있게 된다. 대표적으로 커피를 버리고 남은 찌꺼기인 커피박을 바이오 연료로 재생산하는 '포이엔', 가방업체에서 버리는 소가죽을 '천연 재생 가죽'으로 만들어 신발에 사용하는 'LAR', 100% 재활용이 가능한 재생용지로 노트북 거치대를 생산하는 '그레이프 랩', AI로 폐페트병을 자동 수거하는 '수퍼빈' 등이 있다. 사회문제 해결을 위한 기업의 플랫폼 제공으로 사회적 기업들이 한 단계 성장하면서 탄소 배출 문제를 해결하는 데 이들의 창의적이고 혁신적인 아이디어가 주요한 역할을 하게 된다.

기업, 사회적 기업의 노력과 더불어, 굿네이버스, 아름다운 가게, 환경재단, 청소년기후행동 등의 시민사회가 탄소 배출과 관련된 문제를 공론화하고 아젠다화하여 정부나 일반 국민들에게 기후 변화 문제의 심각성을 각인시키는 데 주력하고 있다. 대표적으로 청소년기후행동이 2020년 3월, 「저탄소 녹색성장 기본법」 제42조 1항[6] 등에 대해 헌법소원을 청구한 사

6) 「저탄소 녹색성장 기본법」 제42조 1항: "정부는 범지구적인 온실가스 감축에 대해 적극 대응하고 저탄소 녹색성장을 효율적, 체계적으로 추진하기 위하여 다음의 각 호의 사항에 대한 중장기 및 단계별 목표를 설정하고 그 달성을 위하여 필요한 조치를 강구하여야 한다."

1. 온실가스 감축 목표 2. 에너지 절약 목표 및 에너지 이용효율 목표 3. 에너지 자립 목표 4. 신·재생에너지 보급 목표

례를 들 수 있다. 「저탄소 녹색성장 기본법」으로는 지구 기온 상승을 섭씨 2도 이하, 더 나아가 1.5도 이하로 억제하기 위한 「파리협약」을 준수할 수 없다는 것이 이유이다.[16] 이러한 시민사회의 노력과 여러 국제적 논의들이 더해지면서 2020년, 우리나라 정부도 탄소중립을 선언하고 2021년 8월 말에는 탄소중립기본법을 국회에서 통과시켰다. 정부의 이러한 노력은 탄소 배출 저감을 위한 다양한 주체들의 노력을 더 강화하고 공동의 목표를 향한 상호 협력을 높이는 데 기여하게 된다.

최근, 폐기물 발생을 억제하고 발생한 폐기물을 재사용하기 위해 기업 간 협력, 특히, 이종 업계 간 협력도 활발해지고 있다. 현대제철은 동종 업계인 포스코, 그리고 이종 업계인 삼성전자 등과의 협업을 통해 폐기물 자원화 신기술을 개발했고, SK이노베이션 울산 Complex, SK지오센트릭은 산업통상자원부, 환경부와의 협력을 통해 폐플라스틱 열분해유를 정유, 석유화학 공정 원료유로 도입했다. GS칼텍스도 아모레퍼시픽과의 협업으로 플라스틱 공병을 자원순환시키고 있다.[17] 다만, 이러한 개별 주체들의 노력과 협력이 지속되어, 탄소 배출 감축에 성공할 수 있도록 생태계를 안정시키기 위해서는 관련 법, 가이드라인이 잘 만들어져야 하는 등 정부의 역할이 매우 중요하다.

집합적 임팩트 생태계가 성장하면서 협력을 다각화한 사례로 2011년에 설립된 포이엔을 들 수 있다. 포이엔은 초기에 SK의 사회성과인센티브에 참여하면서 커피박 사업을 확대해 나갈 수 있었다. 2018년에는 이마트에 커피탄 숯을 입점시키고 스타벅스 코리아와 커피박 처리를 계약하는 한편, 환경부, 인천시와 커피박 재자원화 사업 MOU를 맺기도 했다. 또한, 코이카의 혁신적 기술 프로그램(CTS) 지원을 받아, 포이엔은 SK에너지와 함께 미얀마 현지 합작법인을 설립했고 현지에 숯 공장을 건설해 연간 15명의 고용을 창출하는 효과와 연간 6,720톤의 탄소배출권을 확보하는 성과를 거둘 수 있었다.[18] 포이엔의 사례에서 볼 수 있듯이, 생태계가 확장되고 안정화되면서 다양한 주체와의 협력을 통해 문제를 해결해 나가고 이를 통한 임팩트를 확대시키는 모습을 확인할 수 있다.

[그림 5.3] 탄소 배출 문제로 살펴본 집합적 임팩트 생태계의 진화 과정

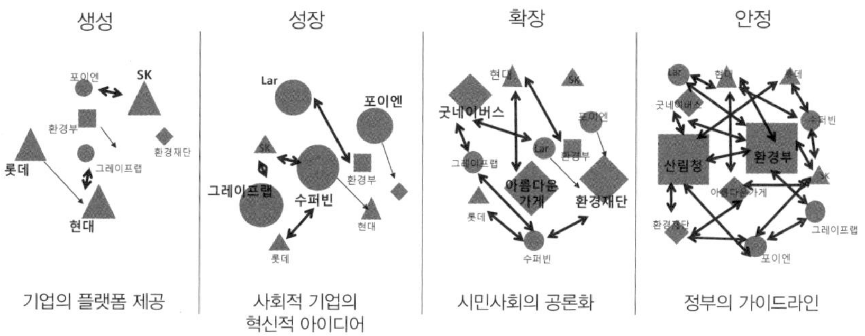

주 1) 네모: 정부 / 세모: 기업 / 동그라미: 사회적 기업 / 마름모: 시민사회
주 2) 굵은 글씨 및 도형의 크기: 각 단계를 주도하는 주체 및 사회문제 해결의 집중도
주 3) 화살표 : 협력의 영향력

탄소 배출 문제 중심으로 집합적 임팩트 생태계의 발전 단계를 살펴본 바와 같이, 생태계가 진화, 성장을 거듭하기 위해서는 사회문제의 속성을 제대로 이해하고 그 속성에 따라 주체들 간의 협력 방향을 전략화하는 것이 필요하다. 이를 통해 개별 주체들의 문제 해결 역량을 확보함으로써 점차 문제 해결 영역을 확대해 나갈 수 있다. 또한, 생태계가 진화, 발전할수록 개별적으로 존재하던 사회문제 간 상호 연계성도 강화되면서 특정 사회문제 해결을 위한 주체들의 노력이 그와 연결된 또 다른 사회문제 해결로 이어지는 긍정적 희망도 가져볼 수 있을 것이다.

Outro

변화의 소용돌이 속에서 희망이 움트다

우리는 현재, 변화의 소용돌이 속에서 살고 있다. 2008년 글로벌 금융위기 이후 점화된 '자본주의 4.0'의 불씨는 이제, '자본주의 대전환'에 대한 논의로 이어지고 있다. 기존의 자본주의 체제로는 우리의 미래가 불투명하다는 일종의 경고이기도 하다. 이에, 자본주의의 핵심축이었던 기업의 역할 변화가 이루어져야 함을 사회 곳곳에서 크게 요구하고 있는 상황이다. 기존에는 UN 등 국제사회를 중심으로 기업이 사회적 책임(CSR, Corporate Social Responsibility)을 다하도록 요구했다면, 이제는 돈줄을 쥐고 있는 투자자, 즉, 자본시장 자체가 기업의 사회적 역할을 확대시킬 것을 강력히 요구하고 있다. '시장 vs. 정부'의 이분법적 논의를 넘어, 기업이 문제 해결의 주체가 되어야 한다는 주장[1]은 그 어느 때보다도 설득력을 얻고 있다.

최근에 강조되는 기업의 사회적 역할은 ESG(Environmental, Social, Governance)를 중심으로 한 사회적 가치 경영에 관한 것이다. 오래전부터 기업의 사회적 책임이나 공유가치 창출(CSV, Creating Shared Value) 등이 강조되어 왔지만, 대부분 슬로건 수준에서 벗어나지 못하거나 기업의 재무가치를 높이기 위한 수단으로 활용되는 경우가 많았다.[2] 기업의 사회적 역할이 수동적, 방어적 차원에서 이루어졌다고 볼 수 있다. 반면, ESG에 기반한 사회적 가치 경영은 기업이 사회와 환경에 미치는 위험(risk) 혹은 부정적 영향(negative impact)을 줄이고 사회에 대한 긍정적 영향(positive impact)을 확대하는 것과 관련된다. 이는 기업의 목적(purpose), 정체성(identity)의 대전환을 의미함과 동시에 사회와 환경에 대한 보다 능동적이고 적극적인 역할을 지향하는 것이다.[3 4] 지금의 이러한 흐름들은 어쩌면, 환경 파괴나 각종 불평등 현상이 심각해지고 있는 현 상태를 개선하기 위해 자본시장이 꺼낸 최후의 카드일지도 모른다.

이렇듯, 기업의 생태계는 ESG를 중심으로 큰 패러다임의 전환을 겪고 있다. 2004년, ESG라는 용어가 처음 등장하던 당시와는 사뭇 다른 분위기이다. 탄소국경세, EU Taxonomy 등 기업 활동을 ESG 중심으로 재편하도록 국제사회의 질서도 변화하고 있으며, 소비자들 또한 미닝아웃,[1)] 그린슈머(greensumer) 등 가치 소비를 중시하는 방향으로 변화하고 있다. 기후위기에 적절히 대처하지 못한 글로벌 석유회사 엑손모빌(Exxon Mobil)이 생존을 위협받는 것에서 알 수 있듯이,[2)] 사회문제를 야기하는 비즈니스는 지속 가능하기 어렵다. 기업이 살아남기 위해서는 비즈니스의 사업 모델이나 포트폴리오를 바꾸는 등 그 정체성을 크게 변화시키기 위한 노력이 동반될 필요가 있으며, 이는 곧 사회적 이슈와 변화에 적극적으로 대응하는 것에서 출발한다.[3)] 물론 이러한 변화의 요구는 기업에게만 한정된 것은 아니며, 사회 내 다양한 주체들에게 공통적으로 적용되는 바이다.

이제, 자본주의의 변화는 부인할 수 없는 사실이다. 하버드 비즈니스 스쿨의 리베카 핸더슨(Rebecca Henderson)은 자본주의의 변화를 아키텍처의 변화로 비유한다. 그의 논리에 따르면, 자본주의라는 아키텍처가 변화

1) '미닝(Meaning)'과 '커밍아웃(Coming Out)'의 합성어로 자신의 신념과 가치에 맞는 제품에 과감하게 투자하는 소비방식을 의미한다.

2) 글로벌 석유 기업인 미국의 엑손모빌은 2020년, 역사상 처음, 224억불의 순손실을 기록했다. 이에 대해 코로나19 외에도 화석연료 개발에만 집중한 것에 따른 결과라는 분석이 나왔다. 이에, 총 2조 달러의 자금을 관리하는 135개 이상의 투자자가 연합체를 결성하여 엑손모빌을 향해 이사회 재편과 에너지 전환에 집중하도록 전략을 수정할 것을 요구하고 있다(에너지데일리, 2021, 글로벌 석유 메이저 엑손모빌도 에너지전환 요구에 직면했다, 3월 19일자).

3) 글로벌 석유 기업인 영국의 BP 역시 탈석유를 선언하는 한편, 탄소 감축을 위한 초대형 해상 풍력 발전, 태양광 발전 사업을 확대하는 등 빠른 변신을 시도하고 있다(이투뉴스, 2021, '脫 석유' 선언 BP, 탄소포획저장 사업 진출, 3월 12일자).

하고 있다는 사실을 아키텍처를 구성하고 있는 기업을 비롯해 시민사회와 사회적 기업, 나아가 소비자와 판매자 등 일반 개인 모두가 인지하고, 사회문제 해결에 필요한 전체 시스템을 혁신하는 것이 중요하다. 기업, 시민사회, 정부, 사회적 기업 등 사회를 구성하는 퍼즐 조각 자체의 변화뿐 아니라, 이들을 하나로 엮어주는 퍼즐의 조립 방식 자체가 변화해야 자본주의의 변화에 발빠르게 적응하고, 새로운 기회를 창출할 수 있는 것이다.[5]

자본주의의 변화로 기업의 사회적 역할이 확대되고 사회문제 해결을 위한 공동의 노력이 강조되고 있다는 사실은 2020년, 다보스 포럼에서 논의된 '이해관계자 자본주의'와도 연결된다. 이해관계자 자본주의로의 전환은 1차원적으로는 기업에게 있어, 주주 가치를 극대화하는 주주 자본주의에서 주주, 고객, 종업원, 협력업체, 지역사회, 정부 등 다양한 이해관계자의 가치를 제고하는 방향으로의 변화를 의미한다. 다른 한편으로, 이해관계자 자본주의는 기업과 정부를 축으로 한 자본주의의 한계를 보완하는 의미도 가지고 있다. 그동안 기업을 중심으로 한 주주 자본주의(shareholder capitalism)와 정부를 중심으로 한 국가 자본주의(state capitalism)로 엄청난 경제 성과를 이뤘지만, 소득 양극화, 환경 파괴 등의 부작용도 커졌기 때문이다. 이를 극복하는 대안으로 이해관계자 자본주의(stakeholder capitalism)는 모든 이해관계자가 견제와 균형(check and balance)을 통해 의사 결정에 참여할 것을 강조한다.[6] 이러한 변화는 앞서 언급한 '자본주의 4.0'과도 직결되며, 우리가 살펴본 '집합적 임팩트'와도 연결된다.

사회문제의 발생 속도가 해결 속도보다 빨라지고 있고 특정 사회문제가 또 다른 사회문제를 유발하는 '사회문제 복잡계화' 현상이 일반화되고 있는 현재, 기존에 사회문제를 해결하던 정부 혹은 시민사회만으로는 문제 해결에 한계가 있다. 이에, 사회의 핵심 구성원인 기업, 그리고 사회적 가치와 경제적 가치를 동시에 추구하는 혼합 조직인 사회적 기업이 다 함께 문제 해결에 뛰어드는 것이 중요해지고 있다. 다양한 주체들이 사회문제 해결을 위해 협력하는 과정에서 발현되는 집합적 임팩트의 의미는 위기와 위험이 일상화되고 기업의 사회적 역할이 그 어느 때보다도 확대되고 있는 지금, 그 의미가 더욱 커지고 있다고 볼 수 있다.

집합적 임팩트를 통해 사회문제를 해결하고 이전에 없던 가치를 창출하려면, 여러 주체들 간의 협력도 중요하지만, 사회문제를 제대로 정의하는 것이 무엇보다 중요하다. 풍성한 열매를 맺으려면 뿌리가 곧게 뻗어야 하고 충분한 영양분이 공급되어야 한다. 사회문제를 잘 정의하는 것은 땅속에 뿌리가 튼튼하게 자리 잡는 과정과 같다. 이 과정이 제대로 뒷받침되지 않으면 효과적인 사회문제 해결 방법을 찾기 어렵고, 설사 대안을 찾는다 하더라도 단편적인 미봉책에 그칠 수 있다. 따라서 사회문제를 정의하고 그 속성을 파악하려는 노력이 선행되어야 하며, 이를 바탕으로 사회 내 각 주체들이 역량을 강화하고 서로 협력할 방법을 찾는 것이 필요하다.

이를 위해 우리는 30대 사회문제를 현재 영향력 및 미래 영향력과 문제 해결 난이도에 따라 4가지 유형으로 구분했다. 이를 토대로 정부, 기업, 사회적 기업, 시민사회가 해결하고 있는 사회문제 영역을 도출하고, 더 다양한 사회문제 해결을 위한 각 주체들의 역량 강화 방안을 모색했다. 또한, 얼마나 다양한 주체들이 해당 문제를 해결하고 있는지, 각 주체들이 해당 문제를 얼마나 해결하고 있는지를 중심으로 주체 간 협력의 가능성을 진단할 수 있는 협력 생태계의 4가지 유형(폐쇄형, 분화형, 몰입형, 개방형)을 도출했다.

집합적 임팩트를 살펴본 기존의 많은 연구들이 협력의 방법 혹은 사회문제 해결 방법을 분절적으로 살펴봤다면, 우리는 '사회문제'와 이를 해결하는 '주체', 상호 간의 '협력' 수준을 종합적으로 분석하고 미래 방향을 제시했다는 점에서 의미가 있다. 또한, '사회문제 해결'을 통한 '새로운 가치'를 창출하기 위해 다양한 자원이 오갈 수 있는 집합적 임팩트 생태계를 제안하고 이를 진화, 발전시키기 위한 4단계 로드맵을 제시했다는 점에서도 의의가 있다. 끊임없이 변화하는 '사회문제'와 이에 대응하는 '주체', 이들이 서로 '협력'하는 관계가 생태계 안에서 상호작용하며 역동적으로 진화,

발전하는 모습을 그려나간 것이다.

지금까지의 자본주의는 특정 문제 하나하나를 해결하기 위해 일부 주체가 주도하는 모습이었다면, 미래의 자본주의는 풍부한 상상력을 바탕으로 상호 연결된 사회문제를 다양한 주체들이 함께 해결함으로써 이전에 없던 임팩트를 창출하는 모습이 되어야 할 것이다. 이를 위해서는 나무 하나하나를 보기보다는 전체 숲을 거시적으로 조망하면서 생태계를 유지하는 데 필요한 영양분(전략)을 적절히 공급해 줘야 한다. 우리가 그리는 집합적 임팩트 생태계와 이를 발전시키기 위해 제안하는 전략들이 자본주의를 성숙시키는 자양분이 되어 현재의 위기를 잠재우고 미래를 밝힐 새로운 희망을 가져다줄 수 있기를 바란다.

[부록] 100대 사회문제 영향력 및 난이도

순위	사회문제	영향력	난이도
1	소득 양극화 심화(부익부 빈익빈)	100	65
2	노인 빈곤 심화 및 불안정한 노후생활	99	77
3	집값 불안정(전셋값 폭등 등) 및 주거부담 증가	96.5	14
4	노후 주거지 및 주거생활권 불안	94.5	58
5	플라스틱 사용 및 배출	93	51
6	복지 수요에 비해 부족한 복지	92	81
7	미세먼지 증가 및 노인·어린이 등 민감계층 지원 대책 부족	89.5	87
8	성별/연령별 맞춤형 일자리 및 안전망 부족	88.5	56
9	고령화 심화	88.5	20
10	투명하지 못한 정부 운영(정부 신뢰 하락)	88	47
11	일·생활 불균형(일·가정 양립 불가능, 높은 근로시간)	87.5	85
12	교육비 부담(비싼 등록금 문제 등)	87.5	31
13	성범죄(성폭력 사건 등) 증가	87	41
14	가계부채 증가	86.5	60
15	학벌지상주의 및 학력/학벌 차별 관행	84.5	43
16	어려운 재취업	84	57
17	의료비 부담 증가	84	36
18	북한 미사일/북핵 문제 및 남북관계 갈등	82	76
19	청년 일자리 부족	81	74
20	결혼/출산/양육 친화적인 사회시스템 부족	79.5	16
21	세대/연령 간 갈등 및 격차 심화	79.5	87
22	경기침체 지속 및 금융산업 경쟁력 부족	77.5	40
23	공교육 붕괴 및 사교육 심화	77	71
24	이념·지역·정치적 갈등 심화	77	51
25	폭염·한파	75.5	12
26	지역 간 문화격차 심화	74.5	64
27	물 부족(식수공급 불균형 등)	74	45
28	감염병 확산 및 대응 체계 부족	72.5	8
29	취약계층 및 지역 교육 격차 심화	72	72
30	부정부패 및 뇌물수수	70	66
31	태풍	70	55
32	노인 일자리 문제	69.5	3

33	저출산 문제	69.5	87
34	개인정보 유출 및 사생활 침해 증가(사이버 범죄 및 온라인 성범죄 증가 등)	69	35
35	정서불안 및 자살 증가	66.5	83
36	치매 증가 및 중증 치매 부담 증가	66	11
37	자원낭비 심화 및 환경참여 인식 부족	63	22
38	교육 정책 문제(일관성 없는 정부 교육 정책)	62.5	–
39	지나친 원자력 발전 의존	60.5	39
40	정부 재정 적자 확대(정부 재정 부실, 정부 부채)	59	21
41	수질·토지·육상 및 해양 오염 증가	58.5	16
42	취약계층 사회 안전망 부족(취약계층 복지 부족)	57.5	87
43	비정규직 증가(비정규직 차별)	57	66
44	독신자 및 1인 가구 증가	57	27
45	4차 산업혁명 인재 육성 교육 부족	56	28
46	대기오염 및 온실가스 증가	55	63
47	청년 및 신혼부부 주거 부담	54	24
48	노인 우울증 및 소외 증가	53	87
49	대체 에너지 개발 기술 부족(친환경 미래 에너지 발굴 부족)	52.5	87
50	여성 리더십 및 주요 직급 다양성 부족	51.5	26
51	화학물질·유해폐기물 배출 및 환경 호르몬 노출	51	82
52	만연한 특권과 편법	48.5	53
53	가뭄·홍수 등으로 인한 황폐화된 토지 복원	48.5	12
54	산모 및 신생아 보호 부족(출생 관련 권리 보장 부족)	46.5	32
55	학교 폭력	46.5	7
56	에너지 접근성 및 서비스 제공 불균형	46.5	69
57	진로 교육 및 직업교육 부족	45.5	58
58	씽크홀(땅 꺼짐 현상)	45.5	–
59	재난 사고 및 대응 부족	45	48
60	보육 및 양육 지원 부족	42.5	73
61	정리해고·부당해고·임금체불 증가	41.5	37
62	구인난(인재확보 경쟁심화)	39.5	–
63	기후변화 정책 및 대응 부족	39	84
64	(농어업) 재해 지원 및 대응 부족	39	5
65	교육 수혜 격차 심화(조기유학 증가 등)	38.5	–
66	환경친화적 산업활동 및 기술혁신 부족	38	34
67	에너지 비효율 및 절약 부족	38	61

68	남녀임금 격차 및 성차별	36	87
69	취약계층 소득 불안(서민 금융 지원 부족)	32	33
70	물 순환 개선 및 재이용 부족	31.5	29
71	전력수급 불안정	30.5	46
72	지진과 쓰나미	30	23
73	이혼율 증가 등 가족해체 증가	27.5	49
74	노사갈등 심화	26.5	50
75	생물다양성 감소 및 생태계 파괴	25.5	42
76	가정폭력 증가	25	30
77	국가 연구 인력 및 자본 부족	24	4
78	동식물 포획 및 유실·유기동물 안전 부족	23	–
79	석유 및 가스 등 지하자원 감소	20.5	54
80	대기업 불공정 거래(갑질 기업) 및 지배구조 개선 필요(재벌 총수 전횡 등)	19.5	78
81	어려운 창업(창업 혁신 부족)	19.5	86
82	폭설과 폭우	19	–
83	원자력 발전에 따른 방사능 오염	17.5	66
84	가뭄·홍수	16.5	15
85	도시 인구 증가 및 농가 이탈 현상 확대(도농 불균형)	16	44
86	안전사고 예방 및 대응 부족(사업장 안전 관리, 근로자 부상 문제 등)	16	79
87	산림파괴(개발사업 등)로 인한 생태계 복원 및 유지관리 필요	15	24
88	아동학대	13.5	70
89	취약계층 주거 부담(지원 부족)	12.5	24
90	(지속 가능한 경제 성장을 위한) 미래 기술(R&D) 부족	12	16
91	직장 내 괴롭힘 및 감정노동 문제	11	–
92	저소득층 교통 접근성 취약 및 통신비 부담	10.5	75
93	양질의 초중등 교육 부족	9.5	38
94	먹거리 불안 및 식량 생산체계 부족	9	61
95	다문화 가정 등 외국인 편견 및 차별	7	9
96	학교 밖 청소년(가출 청소년) 및 시설퇴소 아동 보호 부족	6	–
97	장애인 등 사회적 약자 차별	5.5	80
98	심각한 게임중독 증가	4.5	–
99	화산폭발 및 대형산불	4	5
100	산사태	4	10

주: 사회문제의 현재 및 미래 영향력 평균을 기준으로 선정

주

Intro 사회적 가치, 선택이 아닌 필수인 시대가 왔다

1. 장용석·조희진·김보경·황정윤·이영동. 2018. 사회적 가치의 재구성. 문우사.
2. Kaletsky, A. (2010). *Capitalism 4.0: The Birth of a New Economy in the Aftermath of Crisis*. New York: Public Affairs.
3. 장용석·조희진. 2012. 공공-민간 경영 패러다임의 융합적 전환: 변화의 추세와 조직의 대응. 인사조직연구 21(3): 69-104.
4. 한겨레. 2019. 미국에서 나온 주주자본시대의 종언. 8월 20일자.
5. 월터 프릭·로버트 에클스·스베틀라나 클리멘코. 2019. 투자자 혁명. 하버드 비즈니스리뷰, May-June.
6. 장용석. 2020. 포스트 코로나 시대의 사회변화: 사회적 가치의 재발견과 집합적 임팩트의 실현. SOVAC 발표자료.
7. 헤럴드경제. 2020. 당신은 카드를 일주일에 한 장씩 먹는다. 8월 25일자.
8. 장용석. 2020. 포스트 코로나 시대의 사회변화: 사회적 가치의 재발견과 집합적 임팩트의 실현. SOVAC 발표자료.
9. Kania, J., & Kramer, M. 2011. Collective Impact. *Stanford Social Innovation Review* Winter: 36-41.
10. Stachowiak, S., & Gase, L. 2018. Does Collective Impact Really Make an Impact?. *Stanford Social Innovation Review*.
11. Carroll, Glenn R. 1984. Organizational Ecology. *Annual Review of Sociology* 10: 71-93.
12. Carroll, Glenn R. 1984. Organizational Ecology. *Annual Review of Sociology* 10: 71-93.
13. Thomas, L. D. W., & Autio, E. 2014. *The Fifth Facet: The Ecosystem As an Organizational Field*. DRUID Society Conference 2014, CBS, Copenhagen, June 16-18.

14. Kapoor, R., & Lee, J. M. 2013. Coordinating and Competing in Ecosystems: How Organizational Forms Shape New Technology Investment. *Strategic Management Journal* 34(3): 274-296.
15. 장용석. 2020. 포스트 코로나 시대의 사회변화: 사회적 가치의 재발견과 집합적 임팩트의 실현. SOVAC 발표자료.

1부 집합적 임팩트 생태계 구축을 위한 퍼즐 맞추기

1. SBS. 2021. 부자는 더 부자됐다…선명해진 자산 양극화. 8월 18일자.
2. 시사인. 2021. 한국의 부동산 상위 2% 부자는 누구인가?. 8월 11일자.
3. Kania, J., & Kramer, M. 2011. Collective Impact. *Stanford Social Innovation Review* Winter: 36-41.
4. Kania, J., & Kramer, M. 2011. Collective Impact. *Stanford Social Innovation Review* Winter: 36-41.
5. 스트라이브투게더 홈페이지. https://www.strivetogether.org/
6. Ennis, G., & Tofa, M. 2020. Collective impact: A review of the peer-reviewed research. *Australian Social Work* 73(1): 32-47.
7. 이로운넷. 2020. 임팩트 창출 기업이 코로나 위기 대응력도 탁월. 6월 23일자.
8. 장용석·김회성·황정윤·유미현. 2015. 사회적 혁신 생태계. CS컨설팅&미디어.
9. 리베카 헨더슨. 2021. 자본주의 대전환: 하버드 ESG 경영수업. 어크로스.
10. 장용석·조희진·김보경·황정윤·이영동. 2018. 사회적 가치의 재구성. 문우사.
11. 장용석·조희진·김보경·황정윤·이영동. 2018. 사회적 가치의 재구성. 문우사.
12. SK mySUNI SV College. 2020. '사회문제의 이해: 심화' 강의록.
13. Ansell, C., & Gash, A. 2007. Collaborative governance in theory and practice. *Journal of Public Administration Research and Theory* 13: 1-29.
14. 이명석. 2010. 협력적 거버넌스와 공공성. 현대사회와 행정 20: 23-53.
15. 구교준·김성배·기정훈. 2013. 협력적 거버넌스 모형을 통한 지역 간 협력 사례 분석: 대전 대도시권 협력사업을 중심으로. 지방정부연구 17(3): 23-46.
16. Shergold, P. 2008. Governing through collaboration. In J. O'Flynn & J. Wanna (Eds.), *Collaborative Governance: A new era of public policy in Australia* (pp.13-22). Canberra: The Australia and New Zealand School of Government ANU e-press.

17. 유재원·소순창. 2004. 정부인가 거버넌스인가? 계층제인가 네트워크인가?. 한국행정학회 학술발표논문집 104-126.
18. 국토교통부. 2019. 성과관리 시행계획.
19. 이경의·민동원. 2019. 사회문제의 해결을 이끄는 최근 친사회적 기업경영의 흐름: Warby Parker 와 바이맘의 사례를 중심으로. Korea business review 23(1): 181-209.
20. Carroll, A. B. 1991. The pyramid of corporate social responsibility: Toward the moral management of organizational stakeholders. *Business horizons* 34(4): 39-48.
21. 김민석·조영복. 2019. 4차 산업혁명 시대의 기업사회공헌 활동의 진화. 한국산학기술학회 논문지 20(1): 85-95.
22. Salamon, L. M. 1994. The rise of the nonprofit sector. *Foreign affairs* 73(4): 109-122.
23. 이관률·도묘연. 2012. 비영리 민간단체의 협력네트워크 구조분석: 충청남도를 사례로. 한국지방자치학회보 24(4): 135-159.
24. Salamon, L. M., & Anheier, H. K. 1997. *Defining the nonprofit sector: A cross-national analysis*. Manchester University Press.
25. 김정욱·송영현·여관현. 2020. 인천광역시 민관협력 네트워크 분석: 비영리민간단체를 중심으로. 지방정부연구 24(1): 269-289.
26. 로즈클럽인터내셔널 홈페이지. http://roseclub.or.kr/frame.php
27. 박영선. 2015. 비영리민간단체지원법을 중심으로 살펴본 시민사회 활성화 정책 방안 연구. NGO 연구 10(1): 139-169.
28. 김정인. 2021. 지역기반 그린뉴딜과 녹색 일자리: 환경 분야 사회적기업을 중심으로. 한국공공관리학보 35(1): 73-96.
29. 한국사회적기업진흥원. 2020. 한국판 뉴딜과 사회적경제. 사회적경제 정책포커스 Vol.3.
30. 사회적 기업 쓰임업 홈페이지. http://행복한가게.kr/
31. 장용석·조희진·김보경·황정윤·이영동. 2018. 사회적 가치의 재구성. 문우사.
32. 장용석·조희진·김보경·황정윤·이영동. 2018. 사회적 가치의 재구성. 문우사.
33. 정명은·김미현. 2014. 한국 지방정부의 가치지향성 분석: 조직목표선언을 중심으로. 한국정책학회보 23(3): 27-56.
34. 정명은·김미현. 2014. 한국 지방정부의 가치지향성 분석: 조직목표선언을 중심으로. 한국정책학회보 23(3): 27-56.

2부 사회문제 새판 짜기

1. 장용석·조희진·김보경·황정윤·이영동. 2018. 사회적 가치의 재구성. 문우사.
2. 사회적가치연구원·트리플라잇. 2020. 한국인이 바라본 사회문제.
3. 머니투데이. 2021. 韓철강기업 매년 수조원 뜯길 판...EU '탄소국경세' 실현될까. 7월 16일자.
4. 연합뉴스. 2017. '북핵 위협' 체감, 한–미–호주–일본 순서. 2월 2일자.
5. 서울특별시. 서울시민 남북교류협력 의식조사 결과.
6. 헤럴드경제. 2019. 文대통령 "모든 치료에 건강보험 확대…의료비 부담 최대한 줄이겠다". 7월 2일자.
7. 파이낸셜뉴스. 2021. "복지시설 무더위쉼터로 시민 개방, IoT접목 돌봄 사각지대 없앨 것" [인터뷰]. 7월 29일자.
8. 이로운넷. 2021. 아름다운가게, 폭염 대비 기후위기 취약계층 지원사업 진행. 7월 20일자.

3부 역량을 강화하라

1. 조선비즈. 2020. 그린뉴딜에 73조 투입... "도시·에너지·산업에 친환경 더한다". 7월 14일자.
2. 한국사회복지협의회. 2020 사회공헌 백서.
3. 조선비즈. 2017. 아마존 AI 알렉사, 의사처럼 진단하고 처방한다. 3월 13일자.
4. T Times. 2019. 사람들은 '닥터 알렉사'에 기꺼이 데이터를 내줄지도. 8월 28일자.
5. 그린포스트코리아. 2020. AI드림팀 뜬다...삼성전자·SKT·카카오 'K-인공지능' 공동개발. 12월 22일자.
6. 이동수·김기태·송경재·신두철·이성훈·주성수·채진원. 2012. 민관협력과 시민사회 발전을 위한 청사진. 특임장관실 연구결과보고서.
7. 다음세대재단 홈페이지. http://www.npostartups.org/
8. 조선일보. 2020. [스타트업 취중잡담] 한국 청년이 세계 최초 개발한 밀가루 대체품의 신기한 성분.8월 27일자.
9. 성지은·송위진·정병걸·최창범·윤찬영·정서화·한규영. 2017. 국내 리빙랩 현황 분석과 발전 방안 연구. 과학기술정책연구원 연구보고서.
10. LIFEIN 사회적경제미디어. 2020. 송파구, 삶의 질 UP! '사회적경제 리빙랩 프로젝트' 참가 기업 모집. 6월 29일자.

1. Kania, J., & Kramer, M. 2011. Collective Impact. *Stanford Social Innovation Review* Winter: 36-41.
2. Normann, R., & Ramirez, R. 1993. From Value Chain to Value Constellation: Designing Interactive Strategy. *Harvard Business Review* 71(4): 65-77.
3. Thomas, L. D. W., & Autio, E. 2014. *The Fifth Facet: The Ecosystem As an Organizational Field*. DRUID Society Conference 2014, CBS, Copenhagen, June 16-18.
4. Ander, R., & Kapoor, R. 2010. Value Creation in Innovation Ecosystems: How the Structure of Technological Interdependence Affects Firm Performance in New Technology Generations. *Strategic Management Journal* 31(3): 306-333.
5. Kania, J., & Kramer, M. 2011. Collective Impact. *Stanford Social Innovation Review* Winter: 36-41.
6. Stachowiak, S., & Case, L. 2018. Does Collective Impact Really Make an Impact. *Stanford Social Innovation Review*.
7. 연합뉴스. 2020. 빅데이터로 1인 가구 안부 분석...SKT, 한전/서귀포시와 서비스. 11월 10일자.
8. Kania, J., & Kramer, M. 2011. Collective Impact. *Stanford Social Innovation Review* Winter: 36-41.
9. Kania, J., & Kramer, M. 2011. Collective Impact. *Stanford Social Innovation Review* Winter: 36-41.
10. 서울신문. 2020. 재생, 상생 두 토끼 잡은 성동. 12월 14일자.
11. 데일리안. 제2차 도시재생 뉴딜사업 47개소 선정, 2024년까지 1.7조 투자. 11월 3일자.
12. 장용석·조희진·김보경·황정윤·이영동. 2018. 사회적 가치의 재구성. 문우사.
13. Kania, J., & Kramer, M. 2011. Collective Impact. *Stanford Social Innovation Review* Winter: 36-41.
14. 이로운넷. 2020. SKT, 부여군 노인 치매 예방 위해 '사회성과보상사업' 시행. 11월 30일자.
15. 미디어 SR. 2020. [사회성과보상사업 성과공유포럼] 서울시 아시아 최초 SIB 사업 눈길. 11월 21일자.

16. 전자신문. 2020. [사회문제해결 SOS랩이 뜬다] 인천 아동안전케어 SOS랩. 12월 2일자.
17. 전자신문. 2020. 네이버, 성범죄/뒷광고 콘텐츠 제재 강화한다. 10월 18일자.
18. 한국일보. 2020. 몇 시간 누워있었는지, 손님은 방문했는지.. 노인 우울증 챙기는 AI. 6월 29일자.
19. Kania, J., & Kramer, M. 2011. Collective Impact. *Stanford Social Innovation Review* Winter: 36-41.
20. Hardin, G. 1968. The Tragedy of the Commons. *Science* 162: 1243-1248.
21. Pche, A-C., & Santos, F. 2012. Inside the Hybrid Organization: Selective Coupling as a Response to Competing Institutional Logics. *Academy of Management Journal* 56(4): 972-1001.
22. Park, J., Lee, J., & Kim, S-J. 2020. Robust Collective Impact: How Can a Company Make Collective Impact Sustainable in a Long Run? *Sustainability* 12, 47-63.
23. 아시아경제. 2020. KT 감염병 확산 방지 플랫폼, 해외서 수상. 9월 16일자.
24. DBR. 2021. "기술을 통해 환경 등 사회문제 적극 해결" IT 대기업-스타트업 협업 생태계 조성을. Issue 1.
25. H-온드림 홈페이지. https://h-ondream.kr/index
26. 이로운넷. 2020. 우리 기업이 창출한 '사회적가치', 돈으로 환산하면 얼마일까? 6월 17일자.

5부 집합적 임팩트 생태계의 퍼즐을 완성하다

1. 헤럴드경제. 2021. 공기, 물, 식량의 위기..취약계층이 먼저 스러진다['조용한 암살자' 기후변화의 습격]. 3월 4일자.
2. 헤럴드경제. 2021. 폭염, 폭우 '기후변화 재앙'..지구 파산을 감당할 수 있나요. 3월 4일자.
3. 장용석. 2020. 포스트 코로나 시대의 사회변화: 사회적 가치의 재발견과 집합적 임팩트의 실현. SOVAC 발표자료.
4. Kania, J., & Kramer, M. 2011. Collective Impact. *Stanford Social Innovation Review* Winter: 36-41.
5. Moore, J. F. 1996. *The Death of Competition: Leadership and Strategy in the Age of Business Ecosystems*. Harper Business.
6. 박상규. 2020. 대학 혁신생태계의 공진화 전략에 대한 이론적 고찰. 한국산학기술학회논문지 21(12): 268-277.

7. WEF. 2021. *Global Risks Report 2021*.
8. 트리플래닛 홈페이지. http://www.treepla.net/
9. 조선일보. 2020. "'컬렉티브 임팩트'로 문제 해결하는 시대 왔다". 10월 20일자.
10. Bodin, Ö. 2017. Collaborative Environmental Governance: Achieving Collective Action in Social-Ecological Systems. *Science* 357(6352).
11. 동아일보. 2021. 아동권리 증진 위해 30년… 대한민국 대표 '글로벌 NGO' 발돋움. 3월 31일자.
12. 조선일보 더나은미래. 2021. [굿네이버스 30년] ②법제도 개선 앞장...아동복지사업 방향성 제시. 6월 17일자.
13. Moore, J. F. 1996. *The Death of Competition: Leadership and Strategy in the Age of Business Ecosystems*. Harper Business.
14. 박상규. 2020. 대학 혁신생태계의 공진화 전략에 대한 이론적 고찰. 한국산학기술학회논문지 21(12): 268-277.
15. JTBC. 2021. [박상욱의 기후 1.5] 그린 뉴딜 1년, 무엇이 달라졌나?. 7월 12일자.
16. 한겨레. 2021. "2018년 온실가스 감축목표 자의적"...탄소중립기본법 헌재로. 10월 12일자.
17. 그린포스트코리아. 2021. [ESG 시너지 17] 폐기물 자원 순환을 위해 협력하는 기업들. 10월 7일자.
18. 매일경제. 2019. 코이카 이미경 이사장 "韓, 아세안 상생의 시대... '원조' 대신 '개발협력'이라 말하자." 11월 25일자.

Outro 변화의 소용돌이 속에서 희망이 움트다

1. 리베카 헨더슨. 2021. 자본주의 대전환: 하버드 ESG 경영수업. 어크로스.
2. 이무원. 2021. SK 그룹, ESG 경영의 글로벌 나침반을 지향하다. 기업시민리서치 Vol. 09: Spring, 20-28.
3. 장용석. 2021. ESG 기반 사회적 가치 경영, 의미와 과제. 기업시민리서치 Vol. 09: Spring, 4-13.
4. 한준. 2021. ESG와 기업 생태계의 변화. 기업시민리서치 Vol. 09: Spring, 14-19.
5. 리베카 헨더슨. 2021. 자본주의 대전환: 하버드 ESG 경영수업. 어크로스.
6. Schwab, K. 2021. *Stakeholder capitalism: A global economy that works for progress, people and planet*. John Wiley & Sons.

참고문헌

1. 국내문헌

SK mySUNI SV College. 2020. '사회문제의 이해: 심화' 강의록.

구교준·김성배·기정훈. 2013. 협력적 거버넌스 모형을 통한 지역 간 협력 사례 분석: 대전 대도시권 협력사업을 중심으로. 지방정부연구 17(3): 23-46.

국토교통부. 2019. 성과관리 시행계획.

김민석·조영복. 2019. 4차 산업혁명 시대의 기업사회공헌 활동의 진화. 한국산학기술학회 논문지 20(1): 85-95.

김정욱·송영현·여관현. 2020. 인천광역시 민관협력 네트워크 분석: 비영리민간단체를 중심으로. 지방정부연구 24(1): 269-289.

김정인. 2021. 지역기반 그린뉴딜과 녹색 일자리: 환경 분야 사회적기업을 중심으로. 한국공공관리학보 35(1): 73-96.

리베카 헨더슨. 2021. 자본주의 대전환: 하버드 ESG 경영수업. 어크로스.

박상규. 2020. 대학 혁신생태계의 공진화 전략에 대한 이론적 고찰. 한국산학기술학회 논문지 21(12): 268-277.

박영선. 2015. 비영리민간단체지원법을 중심으로 살펴본 시민사회 활성화 정책 방안 연구. NGO 연구 10(1): 139-169.

사회적가치연구원·트리플라잇. 2020. 한국인이 바라본 사회문제.

서울특별시. 서울시민 남북교류협력 의식조사 결과.

성지은·송위진·정병걸·최창범·윤찬영·정서화·한규영. 2017. 국내 리빙랩 현황 분석과 발전 방안 연구. 과학기술정책연구원 연구보고서.

윌터 프릭·로버트 에클스·스베틀라나 클리멘코. 2019. 투자자 혁명. 하버드 비즈니스 리뷰, May-June.

유재원·소순창. 2004. 정부인가 거버넌스인가? 계층제인가 네트워크인가?. 한국행정학회 학술발표논문집 104-126.

이경의·민동원. 2019. 사회문제의 해결을 이끄는 최근 친사회적 기업경영의 흐름: Warby Parker와 바이맘의 사례를 중심으로. Korea business review 23(1): 181-209.

이관률·도묘연. 2012. 비영리 민간단체의 협력네트워크 구조분석: 충청남도를 사례로. 한국지방자치학회보 24(4): 135-159.

이동수·김기태·송경재·신두철·이성훈·주성수·채진원. 2012. 민관협력과 시민사회 발전을 위한 청사진. 특임장관실 연구결과보고서.

이명석. 2010. 협력적 거버넌스와 공공성. 현대사회와 행정 20: 23-53.

이무원. 2021. SK 그룹, ESG 경영의 글로벌 나침반을 지향하다. 기업시민리서치 Vol. 09, Spring, 20-28.

장용석. 2020. 포스트 코로나 시대의 사회변화: 사회적 가치의 재발견과 집합적 임팩트의 실현. SOVAC 발표자료.

장용석. 2021. ESG 기반 사회적 가치 경영, 의미와 과제. 기업시민리서치 Vol. 09, Spring, 4-13.

장용석·김회성·황정윤·유미현. 2015. 사회적 혁신 생태계. CS컨설팅&미디어.

장용석·조희진. 2012. 공공-민간 경영 패러다임의 융합적 전환: 변화의 추세와 조직의 대응. 인사조직연구 21(3): 69-104.

장용석·조희진·김보경·황정윤·이영동. 2018. 사회적 가치의 재구성. 문우사.

정명은·김미현. 2014. 한국 지방정부의 가치지향성 분석: 조직목표선언을 중심으로. 한국정책학회보 23(3): 27-56.

한국사회복지협의회. 2020 사회공헌 백서.

한국사회적기업진흥원. 2020. 한국판 뉴딜과 사회적경제. 사회적경제 정책포커스 Vol.3.

한준. 2021. ESG와 기업 생태계의 변화. 기업시민리서치 Vol. 09, Spring, 14-19.

2. 국외문헌

Ander, R., & Kapoor, R. 2010. Value Creation in Innovation Ecosystems: How the Structure of Technological Interdependence Affects Firm Performance in New Technology Generations. *Strategic Management Journal* 31(3): 306-333.

Ansell, C., & Gash, A. 2007. Collaborative governance in theory and practice. *Journal of Public Administration Research and Theory* 13, 1-29.

Bodin, Ö. 2017. Collaborative Environmental Governance: Achieving Collective Action in Social-Ecological Systems. *Science* 357(6352).

Carroll, A. B. 1991. The pyramid of corporate social responsibility: Toward the moral management of organizational stakeholders. *Business horizons* 34(4): 39-48.

Carroll, Glenn R. 1984. Organizational Ecology. *Annual Review of Sociology* 10: 71-93.

Ennis, G., & Tofa, M. 2020. Collective impact: A review of the peer-reviewed research. *Australian Social Work* 73(1): 32-47.

Hardin, G. 1968. The Tragedy of the Commons. *Science* 162: 1243-1248.

Kaletsky, A. 2010. *Capitalism 4.0: The Birth of a New Economy in the Aftermath of Crisis*. New York: Public Affairs.

Kania, J., & Kramer, M. 2011. Collective Impact. *Stanford Social Innovation Review* Winter: 36-41.

Kapoor, R., & Lee, J. M. 2013. Coordinating and Competing in Ecosystems: How Organizational Forms Shape New Technology Investment. *Strategic Management Journal* 34(3): 274-296.

Moore, J. F. 1996. *The Death of Competition: Leadership and Strategy in the Age of Business Ecosystems*. Harper Business.

Normann, R., & Ramirez, R. 1993. From Value Chain to Value Constellation: Designing Interactive Strategy. *Harvard Business Review* 71(4): 65-77.

Pache, A-C., & Santos, F. 2012. Inside the Hybrid Organization: Selective Coupling as a Response to Competing Institutional Logics. *Academy of Management Journal* 56(4): 972-1001.

Park, J., Lee, J., & Kim. S-J. 2020. Robust Collective Impact: How Can a Company Make Collective Impact Sustainable in a Long Run?. *Sustainability* 12: 47-63.

Salamon, L. M. 1994. The rise of the nonprofit sector. *Foreign affairs* 109-122.

Salamon, L. M., & Anheier, H. K. 1997. *Defining the nonprofit sector: A cross-national analysis*. Manchester University Press.

Schwab, K. 2021. *Stakeholder capitalism: A global economy that works for progress, people and planet*. John Wiley & Sons.

Shergold, P. 2008. Governing through collaboration. In J. O'Flynn & J. Wanna (Eds.), *Collaborative Governance: A new era of public policy in Australia* (pp.13-22). Canberra: : The Australia and New Zealand School of Government ANU e-press.

Stachowiak, S., & Gase, L. 2018. Does Collective Impact Really Make an Impact?. *Stanford Social Innovation Review*.

Thomas, L. D. W., & Autio, E. 2014. *The Fifth Facet: The Ecosystem As an Organizational Field*. DRUID Society Conference 2014, CBS, Copenhagen, June 16-18.

WEF. 2021. *Global Risks Report 2021*.

3. 신문기사

DBR. 2021. "기술을 통해 환경 등 사회문제 적극 해결" IT 대기업 - 스타트업 협업 생태계 조성을. Issue 1.

JTBC. 2021. [박상욱의 기후 1.5] 그린 뉴딜 1년, 무엇이 달라졌나?. 7월 12일자.

LIFEIN 사회적경제미디어. 2020. 송파구, 삶의 질 UP! '사회적경제 리빙랩 프로젝트' 참가 기업 모집. 6월 29일자.

SBS. 2021. 부자는 더 부자됐다...선명해진 자산 양극화. 8월 18일자.

T Times. 2019. 사람들은 '닥터 알렉사'에 기꺼이 데이터를 내줄지도. 8월 28일자.

그린포스트코리아. 2020. AI드림팀 뜬다...삼성전자·SKT·카카오 'K-인공지능' 공동개발. 12월 22일자.

그린포스트코리아. 2021. [ESG 시너지 17] 폐기물 자원 순환을 위해 협력하는 기업들. 10월 7일자.

데일리안. 2020. 제2차 도시재생 뉴딜사업 47개소 선정, 2024년까지 1.7조 투자. 11월 3일자.

동아일보. 2021. 아동권리 증진 위해 30년… 대한민국 대표 '글로벌 NGO' 발돋움. 3월 31일자.

매일경제. 2019. 코이카 이미경 이사장 "韓, 아세안 상생의 시대... '원조' 대신 '개발협력'이라 말하자." 11월 25일자.

머니투데이. 2021. 韓철강기업 매년 수조원 뜯길 판...EU '탄소국경세' 실현될까. 7월 16일자.

미디어 SR. 2020. [사회성과보상사업 성과공유포럼] 서울시 아시아 최초 SIB 사업 눈길. 11월 21일자.

서울신문. 2020. 재생, 상생 두 토끼 잡은 성동. 12월 14일자.

시사인. 2021. 한국의 부동산 상위 2% 부자는 누구인가?. 8월 11일자.

아시아경제. 2020. KT 감염병 확산 방지 플랫폼, 해외서 수상. 9월 16일자.

연합뉴스. 2017. '북핵 위협' 체감, 한 – 미 – 호주 – 일본 순서. 2월 2일자.

연합뉴스. 2020. 빅데이터로 1인 가구 안부 분석...SKT, 한전/서귀포시와 서비스. 11월 10일자.

이로운넷. 2020. 우리 기업이 창출한 '사회적가치', 돈으로 환산하면 얼마일까? 6월 17일자.

이로운넷. 2020. 임팩트 창출 기업이 코로나 위기 대응력도 탁월. 6월 23일자.

이로운넷. 2020. SKT, 부여군 노인 치매 예방 위해 '사회성과보상사업' 시행. 11월 30일자.

이로운넷. 2021. 아름다운가게, 폭염 대비 기후위기 취약계층 지원사업 진행. 7월 20일자.

전자신문. 2020. 네이버, 성범죄/뒷광고 콘텐츠 제재 강화한다. 10월 18일자.

전자신문. 2020. [사회문제해결 SOS랩이 뜬다] 인천 아동안전케어 SOS랩. 12월 2일자.

조선비즈. 2017. 아마존 AI 알렉사, 의사처럼 진단하고 처방한다. 3월 13일자.

조선비즈. 2020. 그린뉴딜에 73조 투입... "도시·에너지·산업에 친환경 더한다". 7월 14일자.

조선일보. 2020. [스타트업 취중잡담] 한국 청년이 세계 최초 개발한 밀가루 대체품의 신기한 성분. 8월 27일자.

조선일보. 2020. "'컬렉티브 임팩트'로 문제 해결하는 시대 왔다". 10월 20일자.

조선일보 더나은미래. 2021. [굿네이버스 30년] ②법제도 개선 앞장...아동복지사업 방향성 제시. 6월 17일자.

파이낸셜뉴스. 2021. “복지시설 무더위쉼터로 시민 개방, IoT접목 돌봄 사각지대 없앨 것” [인터뷰]. 7월 29일자.

한겨레. 2019. 미국에서 나온 주주자본시대의 종언. 8월 20일자.

한겨레. 2021. “2018년 온실가스 감축목표 자의적”...탄소중립기본법 헌재로. 10월 12일자.

한국일보. 2020. 몇 시간 누워있었는지, 손님은 방문했는지.. 노인 우울증 챙기는 AI. 6월 29일자.

헤럴드경제. 2019. 文대통령 “모든 치료에 건강보험 확대…의료비 부담 최대한 줄이겠다”. 7월 2일자.

헤럴드경제. 2020. 당신은 카드를 일주일에 한 장씩 먹는다. 8월 25일자.

헤럴드경제. 2021. 공기, 물, 식량의 위기..취약계층이 먼저 스러진다['조용한 암살자' 기후변화의 습격]. 3월 4일자.

헤럴드경제. 2021. 폭염, 폭우 '기후변화 재앙'..지구 파산을 감당할 수 있나요. 3월 4일자.

4. 기타 참고자료

H-온드림 홈페이지 (https://h-ondream.kr/index).

다음세대재단 홈페이지 (http://www.npostartups.org/).

로즈클럽인터내셔널 홈페이지 (http://roseclub.or.kr/frame.php).

사회적 기업 쓰임업 홈페이지 (http://행복한가게.kr/).

스트라이프 투게더 홈페이지 (https://www.strivetogether.org/).

트리플래닛 홈페이지 (http://www.treepla.net/).

저자

장용석

연세대학교 행정학과 교수
연세대학교 고등교육혁신원장

조희진

SK mySUNI SV College Research Fellow

황정윤

연세대학교 공공문제연구소 전문연구원

손선화

연세대학교 공공문제연구소 전문연구원

유두호

연세대학교 행정학과 박사과정 수료

사회적 가치의 시대, 집합적 임팩트가 답이다

초판 인쇄 2022년 1월 20일
초판 발행 2022년 1월 27일

지은이 장용석·조희진·황정윤·손선화·유두호
펴낸이 김영훈
편집인 전영완
펴낸곳 도서출판 문우사 MoonWoo
주소 경기도 고양시 일산서구 킨텍스로 255, 일산 디엠시티 스카이뷰 오피스동 1304호
전화 031) 901-6542, 070) 4200-6542 **팩스** 031) 906-6542
홈페이지 www.munu.co.kr **대표메일** moonwoosa@hanmail.net
출판신고번호 제396-2013-000113호

ISBN 979-11-85994-94-9 93350

값 19,000원